U0903389

没有围墙的教室

美国女老师30年爱心课堂手记

Teacher, You Look Like a Horse!

Frances H. Kakugawa

〔美国〕弗朗西斯·卡库嘎瓦　著

仲小燕　译

译林出版社

致所有的孩子，在教室里或教室外的，

你们成为了我最好的老师。

也致那个小小的幼儿园学生，告诉我，

我看起来像匹马。

目　录

教育，或以孩子为师
（代序）

语文教育专家　《深度语文》作者　王开东

读弗朗西斯（又名 K 老师）《没有围墙的教室》，很多次我都停下来，慢慢咀嚼、反思。在 K 老师面前，我很羞愧，像一只鸟羞愧于飞行。

羞愧的原因是，我们的教室是有“围墙”的，尽管我们讨厌这样的教育生态，如帕斯所说：“我有着反抗的目光，却只能压低声音歌唱。”但慢慢的，我们会服从它，遵循它，然后离不开它，以致最后我们成了围墙的一部分，甚至我们自身就是围墙，乌黑破旧，陈腐不堪，沾满平庸无奇的恶。

K 老师则不然。

因为可以涂着红色的指甲油，当然更重要的是因为深爱着孩子，她选择了做一个老师。还是因为深爱孩子，她没有听从老教师“一个月不露笑容就能掌控孩子”的忠告，而是把内心的爱和包容通过笑容表达出来。在她眼里，教师的职业是微笑，其次才是教书。

如果教室里寂静无声，只能是两种情况。要不教室里空无一人，要不就是学生们都死了。教室里为什么会万马齐喑？学生们究竟是怎么死的？刽子手是谁？

教师既可以是教人者，也可以是杀人者啊。可惜很多时候，我们对此熟视无睹，居然一个个昂起头来，不知道自己脸上的血污。

因为微笑，因为尊重和信任，K老师得以走进学生心灵，鲜花铺满的小径过后，就是孩子们的秘密花园。唯其和孩子们拥有相同的语言密码，才能成为与孩子尺码相同的人，才能成为孩子们的铺路人，引路人和同路人，才能众人划桨开大船，创造出值得彼此崇拜之活人。

“教学并不是一件简单、单纯的事。”她告诉我们，把孩子当作学习对象，“从孩子身上学习”，孩子就会焕发出创造的活力，也会自然而然地从老师身上、从同学身上、从课本上、从世界上吸纳雨露和阳光；而把孩子当作灌输的容器，孩子就不再是一个活泼泼的人，而只是一个口袋，一个筐子，一个容器，一个沉寂如死的物件。

叶圣陶先生也说，学生是种子，不是瓶子。教育是农业，不是工业。坏教师各有各的不同，好教师却是相似的。但我们真的有勇气说自己和K老师相似吗？

30年不仅仅是一个时间的长度单位，更是一个用爱心和智慧累积的厚度单位啊。

30年里，她始终像是一匹马，热情，奔放，充满活力。在她的眼里，孩子就像草叶上的小露珠，必须给予最大的信任和爱，在充分的安全和自由中，孩子的心灵才会真正打开。

在她的眼里，知识一点也不重要，让孩子循着自己的方向，找到最适合自己的路径才最重要。乔伊是在停车场学会了认字，这种认字与在课堂上学会的认字结果没有任何不同，但意义却有天壤之别。后者的学习是一种有意义的学习。没有意义的学习，教学不会真正发生；没有意义的课堂，是不道德的课堂。

有了信任和爱，有了这种意义的自觉，她的教学，就不是一堵堵墙，而是一扇扇窗。她用美好的俳句，温暖的阅读，引导学生沿着灵魂的无数条路行走。她拆除了师生沟通的围墙，心灵隔膜的围墙，也拆除了孩子对知识恐惧的壁障，每一个孩子都在心灵的舒展中慢慢发现，自己的身体里住着一个诗人。

瑞德就是这样，他是在棒球场奔跑的浓雾中触摸到了诗，他说："我没办法摸到它。我越是跑，它越是消失不见。"他一脸迷茫，写满了忧伤。

K 老师说："我被他的话牢牢吸引了，以至于一个字都吐不出来。我用手搂着瑞德，我们两个慢慢地走回教室。"

剧烈的幸福感突然到来，在诗意的复活中，浓雾里的师生二人茫然失措，互相搀扶，甚至于静静流泪，一同悲伤。这是真正的高峰体验，也是我看过的最美的最深刻的教学相长。

"诗人之所以是诗人，不总是因为他写的诗，而是因为内心的一些东西，以及把他的内在自我和身边的世界连接在一起的体系。"

好教师也如是。好教师也不只是因为她所教的东西，还在于她把她内在的自我、孩子们和世界互相编织成一个体系。这个体系，K 老师称之为"我们"。世界从"我与它"变成了"我与你"，然后世界就是"我们"了。

灵魂就缠在自己指尖，让生命完成最隐秘的辉煌……

最好的教师总是让人感觉到他们不教书，只教孩子——把全部的心灵都敞开，用露珠一样的眼睛和爱，朝向伟大真理。

前　言

这是一本关于教学的书。教学，既可以说是那么简单，又可以说是那么复杂。每个教师的旅程都是不同的。由于我在教学以及和孩子们的相处中，体验到极大的乐趣，取得诸多的收获，所以，我觉得自己的旅途也许对于其他教师——无论是刚开始教师生涯的还是已经身处这段旅途中的，是有益处和帮助的。同时，对于父母，或是其他有幸与孩子们相处的人，也是有益处和帮助的。

在我最终离开夏威夷大学罗伯特·克罗布顿博士任职的教育学院时，他对我说："如果某天我经过你的教室，里面一片寂静，那么这只有两种可能——你的学生们都死了，或者你的教室里空无一人。如果你真的想要伤害我，或者侮辱我，那么你在街上碰到我的时候，可以这样对我说：'我学过你的教育历史和教学哲学'。"他用这样一种幽默的方式告诫我学习是一个永无止境的过程。

在我担任六年级学生老师的第一天，一位经验丰富的同事向我建议："第一个月不要露出笑容，这样你就可以完全掌控学生了。"一位教学同伴告诉我："如果你想要得到好的评价，就带着你的学生，让他们像机器人和士兵那样站成一条直线，在校长身边走来走去，这样校长就不会来找你麻烦了。从现在开始就这样做吧。"

实际上，我的教师生涯是从幼儿园老师开始的，简单又单纯。

那一天，一个孩子在班上的“分享和讨论”环节，把《生活》杂志的《天文学》副本带到了班里。当时我觉得，对5岁左右的孩子而言，这本书上的文章太难了，所以我接下来只给孩子们看了插图，说了一些我的看法，而没有为他们朗读文章。没想到，一个孩子大声嚷道：“你怎么不读给我们听?”另一个孩子马上解释道：“老师太年轻了，看不懂。”

从某个角度来说，那个孩子是对的。但那时我还年轻，所以我表现出年轻人的傲慢和一本正经。我叛逆地想，我会看不懂吗？于是，我开始逐字逐句地念起来，所有人也立刻开始走神了。自始至终，我都认为我是对的——那篇文章对这些孩子来说太难了——我也因此为自己塑造了一个知识渊博的老师形象。

那堂课之后过了很多年，我的年轻成为历史。我在这些年里渐渐明白，教学并不是一件简单、单纯的事。是的，我变得更聪明了一点，但是在如何教书方面，我并没有达到全知全能的境界，并且也许我永远也不会达到。

在这些年的教学生涯中，那些惊艳了我的课堂的孩子，永远地镌刻在了我的记忆中。我希望能够通过这本书，让他们再一次浮现，让大家也能见见他们，听听他们，思考他们说的话，从他们身上学到所有我从他们身上学到的东西。这些孩子拒绝归于死寂，也不愿让我在空无一人的教室中上课。他们出于满足自我的需要，要求我成为一个坚持终生学习的人。正是这些孩子，在我从教的第一天就将笑容带给我，尽管他们的队伍是歪歪扭扭的。这些令人惊叹的孩子，将我带出了课程、学习理论以及教育研究，而这些，我都曾自以为是教育的核心。

我希望，大家不仅仅是享受阅读这些孩子的故事，最好能深刻认识并身体力行“从孩子身上学习”这一点。我希望和各个年龄段的孩子相处的成年人都能接受这个邀请，并从中获益。

第一章 红色指甲油

我下决心做一名老师，全因为高贵而荣耀的女老师手上涂的红色指甲油。不过，它一开始是我的禁忌。也许，我最好解释一下。

第一节 我的禁忌

我出生在卡普霍，童年也是在那儿度过的。这座位于夏威夷大岛的小村庄，现在已经被火山灰掩埋了。那里没有电，没有自来水，村里 4 家杂货店中的 3 家有电话。村里有一间靠发电机供能的电影院，和一所小小的卡普霍学校。学校有 3 间屋子和 3 个没有念过大学的老师。1955 年火山爆发，1960 年末，所有的东西都被埋了：我们的煤油灯、炉子、煤油冰箱、汽油熨斗、水槽、厕所和电池收音机。这台收音机给这个与世隔绝的地方带来了广播节目，比如《亚瑟 · 戈弗雷》《海伦 · 特伦特的罗曼史》《年轻的马龙博士》和《孤独的游击兵》等诸如此类的节目。

卡普霍村极为偏僻，距离比这儿大很多的希洛镇有一个小时的路程，连接其间的是一条崎岖的乡间小路。即便如此，我们并没有被剥夺受外界诱惑的权利。

我们赤脚在满是灰尘的路上玩耍时，总是敬畏地看着这样一个画面：穿戴整齐的男人开着光亮的黑色轿车，载着穿着高跟鞋的浓妆艳抹的高挑女子，驶入菲利普诺军营。我们也许还不十分清楚她们到底去做什么，但是通过她们的窃窃私语，我们知道那一定是见不得人而且禁忌的事情。那些女人离开轿车走过碎石路面时，为了尽可能地保持平衡，高跟鞋都快斜倒了。

从这时起，红色指甲油和我的世界之间产生了强烈的联系。在当时的环境中，女孩要是涂了指甲，会被人暗地里说疯狂和有伤风化。不过，她们的红色指甲油在我看来，象征着些许的优雅，纽约的一瞥，以及卡普霍以外的东西。

一天，在希洛镇上看完牙医后，我偷偷地在当地的克雷斯商店买了一瓶红色指甲油，并把一只手指涂成了红色。我想当然地认为，只把一只手指涂成红色是不会那么邪恶和糟糕的。但是一个单身的阿姨告诉我，这比涂了十个手指还要糟糕。我难道不知道坏女孩们总是把一个指甲留得比其他的更长，还把它涂成红色吗？那代表了她做的勾当。所以，红色指甲油成了我的禁忌。

第二节 我决定教书

我在帕霍学校读高中时，九月的一天，我遇到了我的打字老师。这也成为我的人生转折点。帮助我决定未来的道路的，不是我最喜欢的威廉·卡伦·布赖恩特的浪漫诗集《死亡随想录》中那首我在快乐中记住的诗，或者我在科学课上解剖的青蛙。恰恰是这位打字老师每个指甲都被涂成红色的手，帮助我决定了我的未来。试想一个如此受人尊敬的老师，竟然被允许留着涂了大红色指甲油的指甲！

每天早上下了车，我都会站在学校二楼，看所有老师从宿舍走到办公室。裙子，长筒袜，还有红色的指甲油，这是一场多么壮观、庄严的游行啊！从那时起，我就知道有一天我也会成为她们中的一员。

我很快就做到了，成为她们中的一员。但为了实现这个梦想，我付出的代价是获得两次奖学金和做住家女佣。18 岁的时候，我的成熟让我远离了童年和高中时期的幼稚想法，我努力让自己尽可能生活得更有尊严。

没有人生来就是做老师的料，事实上，有些老师没有资格出现在教室里。在开始我的教师生涯时，我被要求写下梦想成为教师的理由。其中一个句子是“不用说，我喜欢孩子”，我的指导老师批注道：“必须要说这句话。这是非常重要的，因为不是所有的老师都喜欢孩子。”

在得到我学生的老师对“为什么你选择教师作为你的职业”这一问题的以下回答后，我清清楚楚地明白了我的指导老师的话：

为了在教育界找到一个伙伴。

我无法决定一个职业，所以我决定教书。

因为可以有暑假。

我的父母希望我成为一名老师。

我的母亲是个老师，所以我也想当个老师。

告诫我在开学第一个月不要笑的老师，和那些让我把学生当作机器人，总是让他们排好队的老师，他们是同一种人。也许这些老师的教室是寂静并且空无一人的。

当有老师问：“我怎样才能成为一名更好的老师?”我的回答总是：“从你自己做起。”一个全身心投入班级，展现真实自我的老师，是课堂以及她和学生形成良性互动关系的基础。比如说，一个没有犯过错误的人，是不会听取除他之外任何一个人的建议的。一个心中有着极度挑剔本质的人，总会在他的学生身上发现错误，却对他们小小的权利视而不见。一个无法做到终身学习的人，教给学生的必然是过时的理论和概念，而且他对新的研究成果也无动于衷。一个探寻自身的人会把课堂变成一个有着无尽乐趣的探索之地，一个不断学习的安全之所。很明显，一个人越是有良好的心理和情感适应能力，他的课堂就越是健康。

教师不应仅仅去阅读与职业相关的作品，也应当多读些与自我发展和成长有关的书。

？

如果我只能拥有
一个符号
我的疑问
和转变，
它将会
只是这个……
？

第一步

那么多条道路，
那么多的疑问。
我该从哪儿开始？
我抖擞精神
从喧闹与骚动中。

信任和尊重
还是价值和真实？
探询和反思，
责任和合作。
固有的知识和新的知识。
还有自我发展和经验。
时间，联系，实践，
等等，等等，等等。

那么多条道路，
那么多的疑问。
我该从哪儿开始？
我该从哪儿开始？

开始你的旅途
用简单的一步……
用人类的一切。

弗朗西斯·K*

教师几乎掌握着教室里的所有权力。成人在教室里对儿童和青

* 弗朗西斯·卡库嘎瓦（Frances H. Kakugawa），本书作者，书中简称为弗朗西斯·K、弗朗、K老师或K。——编注

少年的掌控，比在其他任何地方都要大。只有在教室里，我们才能发现这样的情况：学生要经过许可才可以去上厕所。我总是对教师在教室中被赋予如此巨大的权力而感到不安。为了缓和内心的不安，向学生们做出如下解释是尤为重要的："之所以你们去厕所需要征求我的同意，只是因为我要知道你们身处何处。作为你们的老师，知道你们在什么地方是我的职责。"学生们似乎很赞同这个解决厕所特权的方法。这也使我得以在这样一个权力过于集中的环境中感到自己不那么强权。

"什么！你教我们还能拿到钱?"这个从三年级学生莱恩口中吐出的问题让我觉得有些羞愧。我理解他脸上那种不可置信的神情。他真心地问我："你在这儿不是因为你喜欢和我们在一起吗？你在这儿是因为他们花钱雇你的吗?"一瞬间，我忍不住要稍微夸大一下事实说："不，他们没有给我钱。"

在一次教师罢工中，我六年级的学生告诉我，他们不想知道我的工资是多少。他们问"不太多，是吗"，只是想要确认我在那儿是因为我想和他们在一起，不是为了钱。

但是有一天，我露馅了。我带了一些空鞋盒去教室。学生们喜欢这些盒子，因为他们可以放他们的东西和自己的秘密。我听见教室里一阵骚动，一个学生说："看，这个59.99美元!"另一个说："那算什么，我的69.99美元!"他们在比较鞋盒上的价格标签。从孩子们惊讶的眼神中可以看出，他们无法相信一个贫穷的教师买得起这么贵的鞋子。他们看着我，问道：“你很有钱吗?”这意味着“你是不是因为教我们才变得有钱”。

“不，”我没底气地撒谎道，“这些是在大甩卖的时候买的。”

第三节 我喜欢孩子

我兑现了曾对指导教师说过的“我喜欢孩子”的承诺。不过，喜爱孩子也应当注意师生有别，只有这样，我们才能在课堂里获得尊重和威信。这条区分学生和老师的细线应当在第一天就画好，这样学生才知道“你爱我们，你喜欢我们，我们是朋友，但是我们不能滥用这层关系。你毕竟是我们的老师，因为我们尊重你，所以我们不会逾越那条线”。当他们在操场上为在教室里使用了不当的言辞向我道歉时，很明显，学生们是懂得这层关系的。这也可以在他们考验这层关系，却在话说到一半或者事做到一半时说“对不起”时看出来。当我在教室里探索我的经验中的某些方面时，“神奇”这个词浮现在我脑海中。也许“神奇”这个词解释了教室中某些关系是如何发生的。

我以前的许多学生在很多年后还和我保持着联系，他们觉得用我的名字和我打招呼很困难，但是有些人除外。比方说，霍华德·马格纳从俄克拉荷马州的大学毕业的那一周，他打电话给我，不好意思地问我：“我现在已经是一个成熟的大人了，我可以问你一些问题吗?”得到肯定的回复后，他问了我一些和我的私人生活相关的问题，我都一一回答了。霍华德现在在做的，是在我们之间建立一种新的关系，一种消除以往隔阂的关系。我喜欢他仍然用“亲爱的弗朗西斯”来称呼我。有趣的是，自从他上六年级后，我们就再没有见过面，但是他仍然与我保持着联系。而且他从六年级开始直到大学毕业才最终攒够了勇气，找到了跨越那条线的许可。

教师休息室为教师自我评价、通过倾听同僚的交谈获得新知识提供了无数的机会。这些集会十分明确地指出了教师与教师的不同。比方说，有些老师走进休息室时满面红光，无法掩饰他们和学生之间最近良好的互动。他们会说某个学生在学习中因喜悦而发出的一声心领神会的“啊哈”，或是自己在教学中的重大突破。与此相对，总有一些人每天走进休息室，发泄着他们对教室里发生的事情的不满，无论孩子们犯了什么错误，都只会斥责那些“该死的孩子”。对那些老师，我的回应是把我的指甲涂得更红，来提醒我作为老师的自尊、荣耀和荣幸——我绝不会滥用教学领域规定的那些原则。

第二章　来拍第十条吧

第一节　开学第一天

夏末那几个月到学校去把学生这些年来各个科目的情况复印下来的老师，总是令我感到震惊——以一种让人不安的方式震惊我。有什么是他们知道而我不知道的？有什么是他们拥有而我没有的？这是为了在见到学生，认识学生之前就知道每个人，了解他们的学习习惯和爱好吗？可以说，这些老师往往是同一类人。他们的第二职业是通过参与其他老师的工作坊，收集别的老师为学生制定的课程和单元计划。不过，这也有例外。

一年级学生的老师海伦·博曼，夏天最后的几个月不是在复印机前度过的，而是和她的学生一起度过的。她去见每个学生，也去见学生的家长，尽可能多地收集每个孩子的信息。开学的第一天，她就知道了每个人喜欢什么，害怕什么，擅长什么，不擅长什么。

她在学期第一天给学生们打印名牌之前就已经知道每个人的模样。每个学年开始的时候，她的脑海中已经有了这些关键的信息。

霍华德·加德纳是《思维框架》的作者。《思维框架》是关于人们的多重思维的，但是，多数情况下，许多人都只抓住课堂教学的一条金科玉律——试卷和铅笔的填空法。如果我们可以让学生参与到教学和学习的过程中，我们就不需要卷帙浩繁的讲义了，取而代之的是白纸和铅笔。或许，甚至没有一张纸，有的只是开阔的思维，装满了不断更新的知识，关于我们的学生作为个体是什么样的，以及高效学习是如何发生的知识。

复印机的即时可用性对学习过程弊大于利。怎样教学生最好？对我而言，最简单、最容易的教学方法是什么？在我从教的前几年，我总是不停地问自己这些问题。幸运的是，我的问题升级成“学生怎样学最好”。而且，我发现，最好的教学方法也许并不能让学生学得好。

如果所有的电影制作人对摄影师的第一个场景就感到满足，喊“停！冲洗”的话，那么也不会有奥斯卡奖和金球奖了。只有好的导演和编剧才能让剧本和演员在荧幕上同时出现，真正的摄影师才能看出什么有用，什么没用。

如果教师身处电影行业，那我们一定会惨败而归。因为我们的态度是“我有剧本，也指导得很好，但是演员演得太差了。好吧，接着拍下一个场景或是下一部电影吧”。

但是在课堂上，我们总是止步于第一次拍摄，并且觉得这没什么。除了学生们对学习的热爱和热情，我们忽视了什么，又影响了什么？

正如一个好的剧本不能保证一定获得奥斯卡奖一样，一个好的课程计划也不一定能保证学习高效。但是，正是学生和课堂计划之间的互相参与与互相吸引，造就了以学生为主导的良好学习氛围。

对教育实践的改变需要勇气和冒险。它让一个健康的人说：“我需要从现在这种舒适的教学方法中走出来，以批判的眼光看待作为老师的自己。”

当我回想起自己在课堂上的某些行为，以及我要花多久来适应新的方法时，常常觉得后悔。我让自己的学生从阅读基础读物转到阅读完整的语言学习概念中去了。反思过去，在 20 世纪 50 年代末期和 60 年代早期，关于我们如何学习的研究，没有一个广泛的基础。教科书出版商很大程度地控制了教学的内容和方法，他们对此有着自己的议程。但不幸的是，这常常是由经济回报驱使的，而不是学生的学习成果。总而言之，图书公司规定了什么对课堂是最好的。这在今天几乎是不可能的，因为现在可供选择的教育研究资料很多，影响着课程资源出版的内容。

诚然，我一年级的学生的确通过使用基础读物学会了阅读，但也有许多牺牲者。在我的教师生涯中，我让两个学生留级了，因为他们没有达到这些阅读课程规定的年级要求。

也有其他的牺牲者，包括那些在这些基础读物规定的等级之上的学生。但是我受训让这些孩子适应课程设置，除此之外，我什么也不能做。在我从教的第三年，杰森来到了一年级，但是他看得懂书。我讨厌这个，因为我不知道怎么让他在一间超过30人的教室里适应下来。他就是无法与班上其他人好好相处。我该怎么做？这是我回忆中的一段尴尬时期。杰森从基础读物开始看书，毫无怨言。但是我觉得我侮辱了他，而且浪费了他在我课堂上的时间。

向你展示一些近旁的牺牲者，比起展示我的两个学生，也是我的朋友，会更好吗？《嗨，加德纳》这首诗是为了引起我对初中和高中课堂的注意而写的。乔伊是我的一个朋友，我用他的口吻写了《我在停车场学会了认字》。

第二节　老师有一个透明的脑袋

嗨，加德纳

伙计，现在这儿的事情一定不一样了。

同样的老师，同样的教室

但是有些事情不同了。

嘿，不要误会我，

我没有抱怨，至少现在还没有。

但，这是我的想象吗?

老师对我更感兴趣?

从前，我在这儿所需要的就是

纸、笔和我的身体

这些是为了出勤。

我注意到，过去的几周

老师对我的兴趣更浓了

对我说的和我所做的。

她甚至让我们把桌子和椅子搬来搬去。

也让我们说得更多，而不仅仅是老师在说。

以前她老烦我

因为我常常画卡通。

(耶，我对她只有一点)

纸和铅笔，这就是今天的安排。

我，不是作家。

我的脑袋里有各种各样的想法

就像其他人一样

想让我把它们写出来

然而，它们都僵在那儿了。

但是，给我一支铅笔

或者一支画笔

那么在我脑子里的所有东西

就会涌到我的画笔上

好像有一条生命线

在我的脑袋和画笔之间。

所以现在有什么不一样的呢?

我发现我的老师听得更多

听我说的话。她问我许多的问题,

不是那些和教育有关的问题

你知道——就是书本上的那些问题嘛。

她问我的是我在课余时间做些什么

学校以外的时间。

嘿,上周她还让我们做了个选择。

“如果你可以选择的话,

你会怎么样在这儿工作?”

我,我总是在试探她

所以我把我的钢笔扔到了废纸篓里,

就像一个凯尔特人一样,然后说:“不会像那样!”

嘿,她看上去真的很高兴

就像我通过了她的考试。

我原以为她会说:“把它捡起来!”

相反，她问的很不一样
那你用什么呢？
“一支画笔，”我说，“或者这个。”
我拿出了我的绘图铅笔，
它被我藏在了桌子里。
当上课无聊的时候，你懂的，
以前常常是一整天，直到现在。

那么今天发生了什么呢？
我在做我的卡通项目研究。
你应该见见我的朋友扎克。
他正在写歌。
这是扎克，他以前一半的时间
都在北岸。
他现在甚至会把吉他带到学校来。
女孩子们，和往常一样，聚在一起
写剧本，或者演戏，
除了凯丽
她喜欢自己解决问题
所以她一个人在做呢。
这个安静的孩子，他的名字我不太确定

他有一次告诉我他不喜欢思考。

他在用牙签做什么东西。

又是一件奇怪的事……

现在这里有很多的大人在……

老师请来了这些音乐家，

艺术家，作家，让他们到教室里来帮助我们。

你知道吗?

我看着这些不同的方法

孩子们在这儿做的事情

然后我有了这个奇怪的想法

就像，嘿……也许老师

有一个透明的脑袋。

也许她的脑袋

就像一个大拼图，里面有很多小的拼图，

而不是那些灰色的

我们在生物书上看到的东西。

而且每一块拼图都向我们伸展过来

音乐的拼图伸向

那些喜欢音乐的孩子，

语言的拼图伸向

喜欢写作的孩子——
当然那块叫作艺术的拼图
伸向了我。
不管怎样，这样更好
比起以前……我这么觉得……
我在逗留。
谁知道呢，也许某天
我会重新拿起我的钢笔。
或者向扎克学点音乐。
嘿，加德纳，谢谢。
我觉得。

弗朗西斯 · K

第三节　我在停车场学会了认字

我叫乔伊。我又在一年级了……我的老师告诉我妈妈，因为我不认识字，所以我不得不再次留在一年级。事实上我认识字，只是我的老师不知道。

从去年开始，我的朋友们在课间休息的时候都在嘲笑我。他们说："看看乔伊。他今年又在一年级了。他真是太'聪明'了。"我尽量不理会这些话，因为我不想被叫作笨蛋。我宁愿待在家里。

我的爸爸妈妈都不觉得我笨。事实上，他们一直说我是多么的聪明，尤其是我的爸爸。

我看到一辆漂亮的蓝色小轿车，于是就问我爸爸："爸爸，那是什么车啊？"他回答说："那是 Camry。你知道怎么拼 Camry 吗？C-A-M-R-Y。"我喜欢那辆车，于是我让爸爸再拼一次。"爸爸，我也会拼了。C-A-M-R-Y。"爸爸把手放在我身上说："哇，乔伊，你真棒。"那让我觉得很好，所以我永远都不会忘记怎么拼凯美瑞。从那以后，我开始问爸爸所有我在街上看到的车子。现在我可以说出所有车子的名字，甚至能拼出它们：大众、奥兹莫比尔、日产、丰田等。

所以，爸爸总是带我出去骑车，这样我就能够拼出所有车子的名字了。一次，我想要看一看沃尔沃是什么样的，于是爸爸把我带到卖车的地方，现在我会拼沃尔沃了。有时，他把我带到停车场去，我热衷于找到新的车子并且为爸爸拼出新车子的名字。每次我拼出一辆车的名字时，爸爸都会让我回家后再给妈妈拼一次。我的叔叔和阿姨也会让我给他们拼。他们不停地说我是多么的特别和聪明。

我生日的时候，他们送了我很多的汽车模型，甚至有奥兹莫比尔、劳斯莱斯和野马。我现在收集了一大堆汽车模型，而且我认识并且可以拼出所有车子的名字。

但是在学校的时候，老师并不问我怎么拼或者怎么念汽车的名字。她给我一本书，让我来读。书上的字看上去很陌生，当老师告诉我那些字的时候，我很害怕，也记不住。我的手都湿了，而且很冷。其他的孩子说："那是个那么简单的字。"可是，对我而言，那些字并不简单，"大众"才是简单的。

老师总是在课间休息的时候把我留住，帮助我。真好笑！在家的时候我识字，因为我不害怕。事实上，在家的时候我总是在念东西。妈妈把蛋黄酱和果冻罐放在桌上，当作晚餐。她不是把它们放在盘子里。这样更好玩，因为我常常说："爸爸，我知道上面写了什么。'置于阴凉处'。"他告诉我："说得对，乔伊。你真棒。"可为什么我在学校就很笨呢？为什么我在学校不认得字呢？

妈妈给了我一盒果冻，说道："乔伊，假设你看得懂这个，就可以做晚餐的甜点。"哇哦！她想让我来做甜点。于是我念起了盒子上的说明，妈妈帮我来取量。爸爸说那是他吃过的最好吃的果冻了。现在妈妈总是让我帮她做其他各种各样的甜点。不能在学校里做果冻真是太糟了！如果我的老师知道我看得懂果冻盒子上的说明，她会感到惊讶吗？

爸爸和妈妈常常看书，而且他们会让我看他们的杂志。一天，我在他们的《时代》杂志上看到了一辆沃拉。"嘿，妈妈。我可以把这辆沃拉剪下来吗？""当然，乔伊，等我们看完之后。"现在我有了一大本剪贴本，上面都是车子。妈妈帮我在每辆车的下面写上它们的名字。我可以不在任何人的帮助下读整整一大本书。

一天，妈妈不得不带我去看医生，因为老师说我必须接受医生的检查。医生问了各种各样的问题。因为我很喜欢他，所以我告诉他："我可以拼写并读出车子的名字。"他问我知不知道怎么拼斑马。我拼了出来。他把护士叫来，让我把斑马拼给护士听。护士很激动，他们两个都说我很聪明。现在，不管我什么时候去看这个医生，他都有一辆新车让我来拼写。我喜欢他。

爸爸也喜欢我。一天，我问他："这条街上有多少电话杆，爸爸?"你知道他下班后做了什么吗?他带我去散步，去数电话杆。第二天，我想知道另一条街上有多少电话杆，于是他又带我去数。

每天，他一下班回家就带我去散步。我们数了电话杆和电线杆。他告诉我，工人是怎么爬上那些杆子去修电线的，我们是怎么有电用的。我爸爸很聪明。他告诉我，我也很聪明。

其他的孩子在学校里仍旧嘲笑我，还说我不会念书。我的老师让我做比其他人更多的填字作业。当其他孩子在读书的时候，她让我自己玩拼图。我不喜欢学校。

一天课间休息的时候，我六年级的姐姐因为一个同学说她有一个笨蛋弟弟而非常生气。于是我姐姐告诉他："你会拼大陆吗?乔伊可会。"他不相信我姐姐，于是他叫我，说："好吧，乔伊，拼拼大陆。"我拼了出来。他说："拼拼劳斯莱斯。"我拼了出来。他说："哇哦!"然后他叫了他的其他朋友，告诉他们我会拼所有难拼的车名。他们让我拼更多的车子，我全都拼了出来。我知道我的姐姐为我感到骄傲，因为她站得离我越来越近。从那以后，他们不再在休息的时候叫我笨蛋了。

第二天，校长拉着我的手，说：“乔伊，跟我来。”他把我带到停车场，让我说出停车场里所有车子的名字，并且拼出来。他就像我的爸爸一样。他说我聪明，还用胳膊搂着我。我一点儿也不害怕。第二天，他又带我到停车场去。这很好玩，我觉得很开心。

第二天，我的老师让我把杂志上车子的图片找出来，还让我把图片剪下来。我把车子的名字写在纸上。她把我做好的剪贴贴在黑板上。我再也不觉得自己笨了。其他的孩子也停下来看我剪贴的车。

一天，老师又把书拿了出来，很好玩。这次我不害怕了。我知道怎么念书上的某些字，因为我在家里的时候读过。当我不认识某个字的时候，老师会帮助我。而且，现在我能记住它们了。有时，我甚至自己读一些新的字，就像魔术一样。我还会在超市里读盒子和罐头上的字，因为这很好玩。我还是喜欢寻找车子。我还可以在学校里读书了，而且再也没有人叫我笨蛋了。

我

我无法被察觉

在群山中，在云朵中，

只是一小块，幽暗，微小

但是我存在。我存在。

弗朗西斯·K

第四节　读《夏洛特的网》

教学非常像那条通往茂宜岛哈那风景区的不起眼的路。它不是一条笔直、窄长的车道，而是一条布满曲折、盲点、凹陷的颠簸之路。你最好常常在路边休息一下，缓缓气，填饱肚子，或者转个身，乘上一架直升机，这取决于那天的具体情况。教学也是这样。我们每天都要以一个新的思想、灵活的计划和对我们前往的地方快乐的参与来开始我们的旅途。如果没有单纯的快乐，那么生活又有什么意义呢？

令人高兴的是，有时我们精心准备的计划付诸东流，因此我们必须再拍第十条。而且如果所有的神明都和我们在一起，我们也许只要拍一条。这和《夏洛特的网》不一样。

我开始给我三年级的学生读《夏洛特的网》。第二天之后，我看到孩子们的手中有《夏洛特的网》。书是从学校和公共图书馆里借来的，孩子的父母也为他们买平装书。

随着故事的继续，我发现越来越多的孩子在用眼睛追寻这个故事。每天都有人提醒我："我到第几页了，这里这里。"当书读完的时候，其他孩子开始从有《夏洛特的网》这本书的孩子手里借阅这本书，并且把这本书再看一遍。同时，我开始和孩子们讨论我脑袋里的一个活动：给书里的每一个主人公做一幅贴画，看看每个角色发生了哪些变化。我们的讨论让我大吃一惊：

“威尔伯不得不对死亡做一个决定。他发现死亡并不是结束。婴儿也是夏洛特的一部分，所以威尔伯总是拥有夏洛特。”哈利说道。

“威尔伯在开始的时候就像是个婴儿，只关心自己，但是在最后的时候，他也关心夏洛特了。”史蒂芬说。

“威尔伯在开始的时候无法做出决定，但是在最后的时候，他决定把夏洛特的卵囊带回家。”克里斯蒂娜说。

“坦波顿从来没有变过。他仍旧被忽略。”乔补充道。

“芬变得对男孩子感兴趣了。”尼克说。

我并不期望类似“关于死亡的决定”或是“死亡不是结束”这样的语句，或是一定要有深刻的见解。我很高兴我可以在贴画上看到这些。

几天之后，我们画的贴画完工了，只是对每个人物变化的描述还没完成。中间是谷堆，谷堆周围像网一样的，是夏洛特、威尔伯、坦波顿和芬，人物之间是场景的某些部分以及其他次要人物。

一天下午，因为课堂计划完成后离下课还有 15 分钟，我给孩子们念了些诗歌，我小心地选了那些有鲜明的比喻和意象的诗歌。我建议孩子们在课余时间写写这些比喻和意象。布莱尔写了下面的诗：

夏洛特的网

一滴泪从威尔伯的脸上滑落。
“夏洛特，不要死。
如果你死了的话，我会心碎的。
你是我最好的朋友，
你通过在你的网上写字救了我的命
你创造了奇迹。
你让人们相信
我像猪一样，
光芒四射，非比寻常，谦逊有礼。
回来吧，夏洛特！”
我悲伤地钻进了柳条箱
把我的夏洛特抛在了身后。

我看着贴画和布莱尔写的诗，原本打算做一个角色变化贴画的计划迅速夭亡了。我把她的诗放在威尔伯和夏洛特之间。

温迪，一度自信地宣称她是我们班上的桂冠诗人，这几天都没来学校。她回来的时候，我看到她走到贴画那儿去读布莱尔的诗，没有说任何话。我想着：“来吧，温迪，写首诗吧。”第二天，温迪的诗被放在了芬和威尔伯之间。

那只小牛

他嫉妒的眼睛看着我。

他是只小牛。

太阳从他傻傻的白色耳朵上出现。

他是只小牛。

我喜欢他可爱的浅笑。

他是只小牛。

没有人关心过的小牛。

他从来没有获过奖牌或是奖赏。

这真的很重要吗?

每个人都认为他是个弃儿。

是的，每个人，除了我。

然后，哈利说:“应该有人写坦波顿。”

“哈利，”我问，“你为什么不写呢?”我把她的诗放在坦波顿边上的贴画上:

坦波顿

美味的食物:

熟透的苹果，

软软的西红柿，

坏了的鸡蛋，

油腻的热狗，

硬硬的棒棒糖，

湿乎乎的棉花糖，

碎成屑的面包，

黏黏的口香糖，

开心的垃圾罐，

黏黏的香蕉皮。

人们飞快地跑过。

结束了。

都结束了。

我的一切。

其他学生来问：“我可以写关于其他东西的诗吗?”于是有了一个名为“我是个诗人”的公告栏。来拍第十条吧。

第三章　有些事情我知道，却不能说

第一节　从后门进教室的安吉拉

学生的年龄越大，老师就应该越开放、真诚、坦率。和年纪小一点的孩子在一起，让我发现在实践公平的时候，可以不用进行口头上的解释。这是因为这些孩子还处于纯真的孩童阶段，他们知道身为老师的我可以信赖。他们变得越来越大，也越来越复杂，我对这场公平游戏所采取的方法就非得以更多不同的方式进行。

在开学的第一天，我们开始建立规则和课堂秩序的时候，我发现加上下面的话是很有用的：

作为你们的老师，我知道你们每个人的信息，而这些你们当中其他人都不知道。因为这些信息，有时我无法公平地对待你们，而且有时候我可能会偏爱某个学生。我不可能总是公平的。比如，如果有些学生的家庭正在经历离婚，而他们也处于极大的痛苦之中，我会做任何可能帮助到他们的事，因此，我也许会忽视某些教室规则。如果你们发现这很难理解，可以到我这儿来和我谈谈。

在安吉拉进我们班级的那一年，这个六年级的班级教会了我，表现出不公平是需要勇气的。我在见到她之前就听说过她了。那是九月份新学期第二天的早晨，我坐在自己的桌子前，检查六年级学生的课程清单时，突然听到教室后面有动静。我的第一感觉是："哦，哦，麻烦来了。"

她是个引人注目的12岁女孩，黑色的眼睛总是转来转去地四处看，看着那些准备在位子上坐下来的学生。她笑着，嘴巴念叨着，同时手臂挥舞着。我联想到突然获得自由的笼中的动物。我知道她很棘手，因为大多数学生进入教室的第一天都是小心翼翼、忧心忡忡的。

她是从教室的后门进来的。她叫安吉拉。几天的学校生活之后，安吉拉开始表现出她在学习上的不足：阅读能力是一年级初期的水平，写作能力和一年级学生在六月时的水平一样。我想到皮纳斯连环画里的皮格朋，因为不管她站在哪儿，她的身边都会有一大群学生，或者有一大堆情绪围绕着她。她的脸可以绽放出最灿烂的笑容，相反的，也可以变成最黑暗、最狂暴的大海。我知道我应该温和地对待她的一切，因为从她的眼睛里我看到了非常多的不信任。这些不信任在不同的人身上转换，就好像她总是处于戒备之中。

让安吉拉踏踏实实地待在她的位子上是一件全天候都在进行的任务，因为她可以仅凭无声的表情引起班级的注意或是扰乱班级的秩序。作为一个基本上不看书的人，她无法像她的同学那样做任何功课。当她试图引起男生们的注意时，会在上课途中突然爆发出一阵笑声或是一长串玩笑话。她口中的“好吧，好吧”在我看来并不会持续很久。其他在班里处于中上水平的学生，选择站在旁观者的角度安静地观察她，无视她。

安吉拉知道我希望她做到的两件事是：准时到班级，以及直接到她的位子上去。在我因为她没能做到这两点和她谈话后，我会在我的桌子上发现像下面那样的便条，上面配了画，是一只微笑的史努比。

亲爱的 K 老师：

我很抱歉我对你不好。我非常喜欢你。你是最好的老师。我喜欢你。

我们正要去看一场雷·布莱伯利写的叫作《万圣节树》的舞台剧，这是我们第一次实地旅行。安吉拉知道除非她让我看到她能够遵守简单的教室规则，否则她不能参加。我给了她一个选择，她可以让家里的一个大人陪她，因为剧院里有成百上千名学生，我担心我会弄丢她。我在我的桌上发现了下面的便条，第一张是她口述，让班上一个同学写的，而且是写在草稿上的：

亲爱的 K 老师：

对不起，我又迟到了。但我只是想要参加实地旅行，请让我去吧。我不会再迟到了，请让我去吧。对不起，我爱你。

爱你的

安吉拉

第二张便条是这样的：

致 K 老师：

你能再给我一次机会让我去实地旅行吗？请原谅我迟到了，从今天起我知道了。

我会早来的，我知道你生我的气了，请不要生我的气，K 老师，我十分抱歉。再给我一次机会吧！那就是我想要的了。我的阿姨和叔叔去不了，所以让我去吧。

爱你的

安吉拉

最后，在我们学校教导员的陪同下安吉拉去看了舞台剧。她的阿姨和叔叔去不了，而我们知道安吉拉是多么想和我们一起去实地旅行。

第二节 拯救安吉拉

安吉拉来到我们学校的时候，没有任何她在以前学校的记录。事实上，对我们来说她是一个彻彻底底的陌生人。一天早晨，办公室的职员去帮我照看班级，而我去见了校长、教导员和一个见习警官，以及安吉拉的监护人——她的阿姨和叔叔。她的阿姨告诉了我下面的事情：

安吉拉是在监狱里出生的，是她阿姨妹妹的女儿。她的妈妈未婚先孕。她的奶奶把她带到了加利福尼亚州的海沃市。她也成了安吉拉唯一知道的母亲。奶奶不识字，安吉拉是在海沃市的街上玩耍长大的。不幸的是，她被她的一个哥哥强暴了。他叫乔伊，现在在监狱里，但是很快就要被放出来了。安吉拉以前是在特殊教育班里。一天放学后，安吉拉让一个幼儿园的孩子留在自己身边陪她一会儿，结果孩子的母亲对她提起了绑架罪。于是安吉拉被送进女生拘留所，并且被判处只要她住在加利福尼亚州，18 岁以前她都必须留在拘留所。她的阿姨和叔叔去了海沃市，在女生拘留所的一间单间内找到她，把她带回了夏威夷。她被直接带到了机场，并且没有被允许和她最爱的奶奶道别。

几天之后，她发现自己置身于一个陌生的家里，家里有阿姨、叔叔，还有 4 个表兄妹，而这些人她以前从来没见过。这些表兄妹是她的阿姨和叔叔结婚前各自的孩子。她的阿姨隐晦地表达了她对侄女不幸的生活和被她最喜欢的侄子强暴的内疚。她在吹嘘她把安吉拉带到自己家里需要承担多少费用时，还有一点装可怜的感觉。

教导员、校长和我都不互看彼此，因为我们多少担心会被发现我们的眼里噙着泪水。安吉拉被禁止和奶奶告别就像是电影里一幕悲伤的场景在我脑海中挥之不去。

安吉拉的成长在任何方面都没有受阻，她只是从没在充满关爱和支持的教育中获益。我与她的阿姨和叔叔达成了一项口头约定，即对安吉拉而言，比起让她感觉到爱和让她重新变得完整，学习成绩只是其次。

安吉拉知道我见过她的阿姨和叔叔了。她怯怯地问我："你知道我身上发生过什么吗？"我知道她指的是她被强暴的事，所以我简单地回答"是的"。我告诉安吉拉，我发现她的阿姨和叔叔是多么的爱她、关心她。事实上，对此我并不确定，但我觉得安吉拉需要这个。安吉拉问我："他们说他们爱我了吗？你听到他们说了吗？校长在吗？她是不是也听到了？"我对她撒了谎，说了"是"。

学期第二天的时候，安吉拉和班上一个在学期第一天认识的男孩在一起了。她还写了一封威胁信给另一个女孩，因为她们俩喜欢同一个男孩。

每天早晨我都让学生们写私人日志。这样做有两个目的：帮助学生提高写作技巧，以及帮助他们更多地关注自己的内心世界。我希望通过这种方式来帮助安吉拉提高阅读和写作能力。她最初的日志就像下面那样：

亲爱的 K 老师：

嗨！

我很抱歉 K 老师我爱你你爱我吗爱吗还！是不爱我爱你我很抱歉再见我爱你爱你

亲爱的 K 老师：

嗨！

我非常爱你我哭了也为你哭了我很抱歉爱就是我再见

爱你的

安吉拉

安吉拉开始变得非常黏我。她每天早上都会来找我，告诉我她的感受。尽管她无法流利地写下来，但是日志成了她的第二种表达方式。她仍旧和男生们开心地打闹，打扰课堂。

她会口述让我帮她写很多信，都是给她的奶奶的，她把她的奶奶称作妈妈。这些信读起来凄婉痛苦，信的内容常常是一样的：

“妈妈，我爱你。”

“妈妈，我想你。”

“妈妈，我需要你。请来接我，我想回家。”

我把空余的每一分钟都用来向安吉拉解释现在的情况。我不想虚构一个对她而言并不存在的圣诞老人，所以我试图告诉她她的妈妈爱她，现在也在思念着她，但是她现在不能回到海沃市。我用了我知道的所有方法来帮助安吉拉明白这样一件事，那就是一个人对另一个人的爱并不会因为那个人不在而停止。我试着帮助安吉拉想象她的妈妈每天早晨醒来思念她的情景。通过她的话以及日志，安吉拉表现出她没有也无法理解这种思想。我预感安吉拉会感到痛苦，因为我发现她对我的依赖越来越强烈。

社会研究课是让学生根据自己的喜好选择一个感兴趣的国家写一篇研究论文。我告诉安吉拉，她可以以图片的方式来做这个作业。这是第一个，也是唯一一个她有兴趣完成的课题。她选了加利福尼亚。其他的学生都知道加利福尼亚不是一个国家，但是他们并没有把这点说破。安吉拉像班上的其他学生一样，查阅百科书，画画并标出了这个州的州鸟、州树和州花。她画了一幅加利福尼亚的地图，并且想知道海沃市的确切位置。她对自己的作业只有图片并不满意，她说："我的作业上也想要有文字。"于是她先是口述，然后抄写了一篇名为《为什么我爱加利福尼亚》的文章。"因为我的妈妈在那儿"是她的文章的核心。我悄悄地注意到一个学生给了安吉拉一个塑料封面，还帮助安吉拉用封面把作业装订在一起。安吉拉因为这份作业得到了一个"优"。

目睹安吉拉对知识的匮乏让人感到痛苦。她不知道那时美国的总统是谁，不知道国家和州的区别，不知道美国有多少个州。她只知道海沃市和加利福尼亚州。我和她聊了很多，告诉她那些我觉得她应该知道的常识。我想要保护她，让她不会因为知识的匮乏而受到同龄人的伤害。我尽我所能地和她讨论当下的一些事件。像克里斯朵夫·哥伦比亚、乔治·华盛顿、亚伯拉罕·林肯、《花生豆》（现在播映的电影名字）里面的演员和歌手——这些常识对她而言都是陌生的。

此外，担任课间休息时的值班员对我而言成了一种折磨，因为安吉拉经常打架。她不知道怎么和别人做朋友，常常用粗鲁和威胁来和他人相处。一天课间休息时，我看到她对另一个班级的一个男生又是打又是踢又是抓。他们两个都在哭，对着彼此吼叫，咒骂着。我可以看到两人的脸上因为指甲造成的伤痕。仅凭我 104 磅体重的身体，想把他们两个人分开，是不可行的。他们都歇斯底里地抓来抓去，打来打去。我求助的喊声引来了另一个老师，他把安吉拉从男孩身边拉开了。我的同事林在我把男生送去办公室的时候，把尖叫着的安吉拉从地上拉了起来。我抚摸着她的背，一遍又一遍温柔地对安吉拉说，“安吉拉，没事的，没事的”，想要平息她的叫喊和咒骂。我把她带到了办公室，一直抚摸她的背对她说：“没事的。”她最终平静了下来。

林后来对我说：“你让那个女孩冷静下来的方式让我十分感动。

我觉得你应该领养她。你是唯一可以拯救她的人。她需要你，我觉得你人生的使命就是拯救那个女孩。”我听完后很生气，因为林试图在我身上强加这么重大的责任。对于收留安吉拉，我有自己的想法，我不喜欢别人来大声地告诉我。

每天早上我都会看一下安吉拉，我感觉到她很沮丧。大多数时候，她的眼睛是被悲伤覆盖的。在这样的日子里，我会让她来找我。她会搬来一把椅子，靠得离我很近，我们的膝盖都碰在了一起，然后开始聊天。

“K 老师，请让我不要再做梦了。”

“是什么样的梦？”我问她。

“我还是会梦到乔伊（她的哥哥）。总是在我的梦里一遍一遍重演。”

有时她会说：“我爱我的哥哥，但是他做了不好的事。”我能理解她的困惑。我想，如果一个人对你做了不好的事，难道你一开始不会恨他吗？如果那个人是你一生都会爱的人，又会怎么样呢？人们很容易想到让心理医生和医师来治疗安吉拉的所有问题，但是痊愈不是那么容易的。

教导员和见习警官工作得十分紧密。安吉拉的爸爸在军队，所以所有的医疗帮助都是由部队医院提供的。我和她的阿姨又碰过一次头，但都徒劳无功。因为她的阿姨一直在说安吉拉是多么的不好，无药可救，还说她是家里的坏坯子。

在外向的表面之下，安吉拉是个十分敏感、有爱心的女孩。比如，她会注意到我的香水和发型。她总是问我："你今天快乐吗？你看上去很快乐，K 老师。"一天早晨，她把椅子靠得和我很近，然后说："我昨天晚上想要杀了我自己。"

"为什么？"我问她，尽力保持冷静。

"我吃了很多药，从我阿姨的药橱里拿来的。我想要停止那些梦。救救我，K 老师。我身上有什么不对劲的？"

最终，我只能把她送到教导员那儿，还写了一张便条。因为我的班上还有 29 个学生。这样一来，我和安吉拉的相处变成了这样一种模式：她会告诉我发生了什么，如果我没有办法立刻处理，我就会把这个情况告诉教导员，也把安吉拉一起送过去。没多久，教导员和安吉拉的关系也变得很亲密。

安吉拉在家里也经历着许多的问题。比如，她的表兄妹们把她当作替罪羔羊，告她的状，要求处罚她。除了挥之不去的痛苦回忆，她在生活中也是在表兄妹的排挤当中苦苦生存，因为他们都把她当成这个家的入侵者。

她给我口述了很多信，是写给她的叔叔的。内容常常是一样的："叔叔，我爱你。我怕你。我是个坏孩子。抱抱我。我想要你抱抱我，爱我。"有时，这些信会有 3 页那么长，因为她把心声全部倾吐了出来。她描述了她的表兄妹是怎么对待她的，以及她对叔叔又爱又怕的感情。我不知道她的叔叔是否收到过这些信。我无数次把她的信寄给她远在海沃市的奶奶。因为她的奶奶不会写字，她没办法给安吉拉回信。

几个月之后，安吉拉开始给我看她手臂和大腿上的淤青和伤痕。这些是儿童遭受虐待的证据。我向安吉拉指出：

“安吉拉，法律上规定没有人可以像这样打你，伤害你。你想要我告诉你的教导员吗？如果要的话，教导员会和你的阿姨和叔叔谈的。这是我能帮你的唯一途径了。”

她同意了，于是我把下面的便条送去给教导员，然后收到了下面的回复：

玛丽：

你能核实下，安吉拉是否每天都被她的阿姨和叔叔殴打吗？

谢谢

K

弗朗：

已经查实：上周末，他们的家庭生活堪忧。凯瑞（校长）和我会联系你。

淤青仍旧出现。不过，我也注意到她的表兄妹身上的淤青。过了一段时间，安吉拉拒绝和我交谈，但是从她的眼里我可以看出她身陷怎样的麻烦中。她走进房间，眼中含着泪水。最后，她坦白道：

"我不能再和你说话了。昨晚我被赶出了家。我不知道今天晚上该去哪儿。阿姨说如果我和你说话，她会把你告上法庭的。我不想给你带来任何麻烦。"我尽量让安吉拉明白，这不是她的问题，而是她的阿姨和我的问题。于是，她继续向我倾诉。

周五下午对安吉拉来说是尤为艰难的。她会告诉我："我不想回家。我想和你一起待在学校里。"她不是唯一一个我所知道的讨厌周五和节假日的孩子。在圣诞节的前一天她哭了。我向她保证，我会给她写两封信。一封是在圣诞之后，一封是在新年之后。我履行了我的承诺。一月份返校的时候，她私下感谢了我写信给她。圣诞节的时候，她的阿姨和叔叔合法地领养了安吉拉，教导员和我都知道我们有了另一个困难——安吉拉拒绝用她的新名字。

第三节　生日礼物：班级是安吉拉的家

1月6日，我的内心在做着激烈的斗争：我要不要带一个生日蛋糕到班上，因为第二天就是安吉拉的生日。给安吉拉买一个蛋糕让我有点担心，因为我知道我不可能为全班每一个人都这样做。我想我应该做到一视同仁，所以我决定不带蛋糕。在她生日的早上，她走进教室，看上去像一只被鞭打过的小动物。"今天是我的生日，但是家里没有人祝我生日快乐。"我祝她生日快乐，并且给了她一个拥抱。我告诉她，今天还没有结束。我真希望我有勇气把蛋糕带进教室。我给教导员送了一张便条，告诉她关于安吉拉生日的事。

那天，我把安吉拉送到教导员那儿，这样班上的学生就有时间为她做生日卡片了。我告诉了大家安吉拉的处境，以及她觉得自己无人关心的心情。在我的倡议下，班上每个孩子都做了卡片。那些常常欺负女生的男生给我留下了深刻的印象，因为他们表达了对安吉拉的爱和关心。安吉拉在收到这些简单的祝福时的明亮笑容，让我们都觉得棒极了。

第二天，她告诉我，她的家人完全忘记了她的生日。我还天真地以为他们是想要给她一个惊喜的生日晚餐。我明白发现被忽视是很残忍的。她的奶奶从海沃市打来电话，但安吉拉的叔叔在她要接电话的时候，故意把电话挂了。安吉拉告诉我她在海沃市的时候，总是会有蛋糕的。

“我可以说句话吗?”她唐突地站到班级前面，说的时候头转向我这边，想要得到我的支持，“谢谢大家昨天给我的生日卡片。”她回到座位上，脸上是尴尬的绯红。

后来我和学生们聊这件事，告诉他们他们的热心和友情给了安吉拉家的温暖和感动。我知道他们自己感觉很好，也知道学校里的小道消息是很活跃的，我的学生对安吉拉的背景了解要比他们想要传播出去的多。我肯定，这正是我在安吉拉身上花了很多时间和精力，而他们能够全心全意对此表示理解的原因。

安吉拉的写作在日志的帮助下进步了。她现在参加了语言、阅读和数学的特殊教育班。我和她讨论了她在阅读上的问题，问她是否想要从基础开始学习阅读。她很开心地答应了，就像一个一年级学生一样开始读书。偶尔她会说她很笨，而我尽己所能帮她转变这种自我印象。她虽然在很多方面进步显著，但仍旧和别人打架，并且在日志中吐露自我。

我感到很害怕，K 老师我需要你我爱你 K 老师我害怕

1. 但是

2. 大

3. 是

4. 通过

5. 叫

6. 最好

7. 男孩

我的回答是：

我会帮助你。

她的第二张便条写的是：

我今天觉得悲伤你今天觉得悲伤吗你不喜欢我的我哭了我需要我的妈妈——帮帮我你不喜欢我了。

她的第三张便条写的是：

我今天感到快乐你觉得快乐吗 K 老师。

在我们的一次班级讨论中，我们把这种讨论称为“心对心的交谈”，学生们异口同声地指出，安吉拉从来不和班上的学生打架。我们的班级是她的家，我们是她的家人。

在开心的时候，她会开玩笑，会笑，会很快乐。我会说她有“天使般的笑容”，这让她的整张脸都阳光灿烂。她会对我的单身以及交男朋友开玩笑。一天早晨，她和我分享了一个她昨天做过的梦：我们两个在海滩上，都在笑，在游泳，我就像一位母亲。一个多么鲜活的梦啊，为了取代那个强暴她的哥哥乔伊的梦。我有个想法，我想让这个梦在夏天的时候成真。

安吉拉用各种她知道的方法来寻求爱。她花了很多的精力和男生建立稳定的关系。下面是她给另一个班上的男生的便条：

我知道你不爱我但是我爱你。你讨厌我，可不讨厌你再见我疯狂的爱你但是你不要不爱我我很抱歉我很抱歉我很抱歉我很抱歉再见吻我我爱你

安吉拉最好的朋友丽莎是个非裔美国女孩，也是特殊教育班的学生，她是安吉拉的保护者。安吉拉把她视为秘密的过去，都告诉了丽莎。因为丽莎的占有欲很强，霸占着她们两个之间的友情，所以我们三个只能在课间休息的时候在一起。下面是两个女孩互相交

换的字条：

抱歉我爱你你是我最好的朋友你爱我吗该说再见了

安吉拉

我爱你但我很抱歉你必须明白没有人可以把我从你身边带走我永远都会和你在一起。

丽莎

到了3月，我为安吉拉感到高兴，因为她开始说她要离开我到七年级去。她说她有时间会在放学后来看我。我也鼓励她，去另一个学校继续学习。很明显，她在让自己准备好迎接我们最终的分离。我觉得这很好。此时的她仍旧持续不断地想她的“妈妈”，也不断给她在海沃市的朋友写信。下面这封写在草稿上的信，上面画了哭泣的折弯在地上的花儿，是写给她已经结婚的姐姐凯瑞的：

亲爱的凯瑞：

嗨我爱你我也想你你爱我吗爱我还是不爱我告诉我妈妈我爱她告诉杰森我爱他也想他告诉杰瑞米我爱他也想他。

我爱你们所有人。我想你们所有人。我需要你。

凯瑞请帮我亲吻我的侄女们，告诉我的侄女们我爱她们，而且想念她们好吧凯瑞我觉得我快死了我是个笨蛋凯瑞我疯了我想死现在没有人爱我没有人想念我你也是我的妈妈不爱我我真正的妈妈不爱我我很难过我快要死了救救我凯瑞一天早晨，我又在我的桌子上发现了下面的便条。这是她在被阿姨打之后写的。

我很难过你爱我吗爱我吗还是不爱我我快要死了再见爱你的安吉拉

作为老师我帮不了任何忙，只能关注她想要表达的自己的需求，教她怎样写作。我把便条给了教导员，然后自己做了一个决定：我要求去见见习警官。我告诉他："那个孩子的身体、情感和心灵正遭受着虐待。"我向他讲了安吉拉的淤青，她的阿姨和叔叔在她生日那天加诸她身上的惩罚，以及现在这张想自杀的便条。见习警官的回答在我听来意思就是：安吉拉被虐待得还不够，她应该给我们看受伤的骨头或者受损的器官，这样才能立案。他接着说，安吉拉应该逃跑至少6次。显然，我们没办法证明任何事情。我想告诉安吉拉："安吉拉，逃跑6次吧，也许这样我就能帮你了。"

这次，安吉拉的阿姨和叔叔的婚姻出了问题。一天晚上，安吉拉从家里逃走了，在一起的还有学校里的另一个孩子。安吉拉被找到的时候，她的阿姨和叔叔拒绝把她带回家，于是她只能被放在女生拘留所里。我多么希望我有先见之明地给了安吉拉我家里的电话号码，但是另一半的我仍旧害怕被完全卷进去。我从教导员那里知道，第二天她也待在女生拘留所。这次，教导员和我都明白了，我们和安吉拉之间的关系，已经不只是教导员和老师与学生的关系那么简单了。

第四节　流浪的孤独天使

教导员花了一天的时间为我争取了那天下午对安吉拉的探视权，我有一个小时可以见她。我带了两条裤子，一件 T 恤，一条我的短裤和我的红色带帽夹克。粗糙呆板、了无生气的水泥环境让人觉得绝望。他们检查了我的手提包和我装衣服的包，然后把我带进了一间像咖啡店一样的大房间，里面的水泥地板是光秃秃的，窗户也是关着的，粗糙的木头长椅和凳子靠着墙垒在一起。我听到一个女人高声地叫唤："方特斯，把她带过来!"我看着安吉拉穿过草坪向这间房间走来。她看上去像被打过，悲伤而且消沉。她看到是我，喊着"K 老师"，脸上有了神采。她拥抱着我，又把椅子移动到我身前，近到我们的膝盖都碰在了一起才坐了下来。我让她说，她的话显示出她是怎样努力地要抓住这个给了她一点爱和稳定的世界——学校。

"你看起来真漂亮。你今天穿着这个去学校的吗？你昨天穿了什么去学校？同学们都想我吗？"

我回答了每个问题。然后她突然来了个我完全没有准备的炸弹："我今天告诉他们我不想回我阿姨和叔叔的家了。他（法官）问我我要去哪儿，我告诉他我的老师很爱我。K 老师，你可以做我的养母吗？我爱你，我知道你也爱我。”

我半真半假地回答她，但我不能告诉她，她会打扰我的私人生活。我现在单身，我害怕承担应有的义务。而且我知道，除非有一个心理医生和我住在一起，否则我无法应对安吉拉。所以，我采取了懦夫的行为，就像见习警官那样，我用法律来当挡箭牌。我告诉她，是的我爱她，但是我无法成为她的养母。因为我们必须遵守法律的规定，而现在法律把她变成了她的阿姨和叔叔家的合法一员。在我说完这些之前，她笑了。她说“我知道，我知道”，装作她本来就期待我说“不”一样。她很快地把注意力转移到我装衣服的包上了，看得出来她很高兴，因为她已经穿同一件衣服两天了。她说，她的室友在晚上的时候欺凌她。

我试图让她了解爱。即使分隔两地，一个人也可以爱着另一个人。即便她没有和她的“妈妈”在一起，她的“妈妈”也始终爱着她。眼不见不代表不想念。我会永远爱她，也想知道她的生活是怎样的，哪怕她已经很大很大了。我认为她并没有真的理解。我想要把她那种被拒绝的感受赶走，不想让她再被她爱着的人伤害了。我知道她讨厌周末，因为她认为我会忘了她。我有种不安的感觉，觉得我们很快会分开。我想要通过一些鲜明的形象给她力量，让她可以依靠。我多么希望她有成年人的思维，而不仅仅是生活在当下。

在拘留所待了两天，在法庭待了一天，她在法庭上对法官说她不想回到她阿姨和叔叔的家里，于是她被放在了一个寄养家庭。教导员是个带着个女儿的单亲母亲，决定把安吉拉当作养女收养。我帮助了她。因为我们知道，如果我们没有以个人的身份参与进来，那么之后不久，我们将会失去安吉拉。她的阿姨和叔叔拒绝了我们的提议，并威胁说因为我们的干预要状告学校。结果安吉拉被安置到了其他地方。她永远不会知道她离教导员和我一起成为她的养母有多近。

这之后不久，我开始失去和安吉拉的联系了。她进入了领养家庭，并在几天后回到了学校。她穿着我的红色带帽夹克。她的头发梳得很整齐，我心里感到喜悦，因为有其他人在关心安吉拉。我寻找着能让自己放下心来确信她的世界变得更好的证据。然后，她开始穿一些对一个12岁孩子而言不合适的衣服了。她穿着短衬衫和短裤，看上去充满了诱惑力。她的神情告诉我，我们将要又一次失去她。她看起来又变成那个在开学第二天从班级后门进入教室的孩子，充满野性。她似乎也知道这些，因为她说："我在变坏，我知道。"

几天之后她说："有什么不对了。没有人再打我了，但是我觉得有什么不对。"我知道她说的是什么——一群陌生人中的一个陌生人——这会是多么孤单而让人感到害怕。没想到，这是我们之间的最后一次交流了。

第二天是特殊教育班的实地考察，安吉拉一整天都不在我的班上。我从远处观察她，发现她穿着一件对她来说太过成熟的外套。尽管现在天气已经很热，她还是把我的红色夹克系在腰上。

第二天因为有急事，我请假去了另外一个岛上参加我奶奶的葬礼。我周四下午走的，周一早上回来。回来后我发现安吉拉走了。周五的时候，她从学校被带走了，送到在岛上另一边的另一个领养家庭。我的学生告诉我她哭泣的情景，以及如何被强行带离。她匆忙地给我留了一张便条，放在教导员那儿，上面写着：“K 老师，我爱你”。

那就是我们的分别了，让人心痛的是，安吉拉再一次没被允许和她爱的人告别。天哪，我在想，难道这个孩子的悲惨生活就没有尽头吗？这几个月里，我让安吉拉在卧室里做一个拼贴墙画。她把从杂志上剪下来的一张张开心的脸贴在一张 18 ×24 英寸大的海报纸上。班级里的同学帮她完成了海报，并把它寄到安吉拉的新学校去。我写信给她，向她保证我对她的爱。通过教导员，我得知她是如何一次又一次地逃走，从一个到另一个的领养家庭去的。

5 月的时候，我在一个周末请求去看望安吉拉。领养家庭拒绝了我的请求。我被告知，安吉拉需要适应新的家庭，而她和我之间强烈的羁绊阻碍着这个进程。

夏天来了，我可以不再受交流的繁文缛节约束了。我得知安吉拉在救世军女孩之家，便打了电话过去，希望可以再次和她取得联系。但他们拒绝告诉我任何消息，就连我说我曾是她的老师也没有用。安吉拉真的离开了。

到了6月，学期的最后一周，一个学生突然公开地问道："K老师，单身的人不能领养孩子，是吗?"我毫无防备地面对了这个问题。全班学生都安静地看着我，我解释了什么是单亲家庭，以及领养现在是如何在家庭中进行的。另一个声音问道："那么你为什么不领养安吉拉呢?"

我看着班里的每个学生，他们从来没有抱怨过安吉拉，抱怨她打扰上课，或是我对她给予的特别关注。但是，我从来没有和他们讨论过安吉拉的事。

"有多少人觉得我应该领养安吉拉的?"每只手都举了起来。这一次，我再一次用法律当作挡箭牌，解释了我们的官僚体制。一个男生说：

"K老师，你知道安吉拉爱你。"

"是的，我知道。"

安吉拉最后的日志是这样的：

今天我觉得很悲伤。

第五节　学生的需要比校规重要

安吉拉和她的同学们给了我一件礼物，它来得太晚了，所以我没能帮到安吉拉。他们教会了我，不要仅仅从心里教书，还要忽视社会强加于我们的某些规则；他们教会了我，有时学生的需要比人为制定的规则更为重要。毕竟，规则和法律是人制定的，是可以改变的。接下来的一年，我就面临了这一考验。

丹尼的母亲死于癌症。我给予了他很多特别的照顾，没有感到我给予安吉拉特别照顾时，感受到的那种愧疚。他的母亲卧病在床，丹尼每天都回家，不知道他在那儿会看到什么。每天我都会私下和他道别，我鼓励他每天和妈妈拥抱，表达对妈妈的爱。丹尼没有做功课是可以理解的，我也没有根据班级规定要求的那样，在课间休息的时候留他完成作业。我觉得每次课间休息，他都需要出去活动活动，这样关于他妈妈的事也许就会从他的脑海中消失至少 15 分钟。没过多久，学生们注意到丹尼被赋予的特权了。于是，两个不喜欢写家庭作业的男生来找我了。

我对他们的回答是："我这么做有我自己的原因。但在我告诉你们整个故事之前，我需要得到丹尼的允许，所以你们可以等我先和他讲一下吗？"

丹尼允许了我的请求，于是我对他们解释了丹尼的情况。小道消息传得很快，不久我就察觉到同学们对丹尼的理解越来越多了。当丹尼失去他的妈妈的时候，我去参加了葬礼。在教堂的后面，三个我班上最调皮、爱捣乱的男生穿着白衬衫、黑裤子和黑鞋子，安静地坐着。他们骑自行车来的，来帮丹尼的忙。

教师很容易忽视学生的理解能力和宽容能力。如果我们允许的话，我们的学生可以帮助我们用我们全部的本能教书，而且在必要和合适的时候打破这些规则，这样就把人道主义带回了教室。

在这几年，学生们教育我的次数十分惊人，他们教给我的比我教给他们的还要多。我相信，每个学生都可以被完全信任和尊重。我们需要做的，是创造一个可以让我们身上出现这些特质的环境。我之所以说“我们”，是因为不管我们想从学生身上得到什么，学生也同样希望从我们身上获得相同的东西。

下面是一封对安吉拉的公开信：

亲爱的安吉拉：

对不起！我让你失望了，对吗？我保证过我不会再让任何人伤害你，你再也不用害怕了。我保证我永远都会爱你。我没能遵守第一个承诺。我不知道你在哪儿，但是也许在某个地方，某一天，你会看到这个故事，会理解为什么我没能遵守那个承诺。但是我仍然遵守着第二个承诺。

你的老师

九月的一个早晨

不要说

那些没有做到的承诺，

漂浮的沙子

和波浪，

时间

是给予我们的一切，

那个永远的

夏日。

来自《沙砾》

弗朗西斯·K

第四章　在高跟鞋上瞬间做出的决定

第一节　艾米的眼泪

艾米是一个安静的六年级学生，可她总是在犹太教节日缺席。在班里，她回答问题时总是报以微笑，很少说出她的观点。一天，我听到一声响亮的“滚开”，而声音的来源是安静、甜美的艾米。一群男生围在她的桌子周围逗弄她，想要引起她的注意。寂静在教室里蔓延开来，所有的脑袋都扭向了我。更特别的是，我看到了艾米脸上的震惊。

我没有说话，让艾米跟着我到教室外面去。她不光在颤抖，几乎快哭了。我看着她，平静地说：“艾米，那样会让你感觉好受些。”她一下哭了出来，抓着我，流着泪。几分钟过后，我让她去洗手间，等感觉好些了再回教室，然后我先回到了异常安静的教室。艾米进来的时候，她的脸因为哭过，看上去红红的。我几乎可以听到学生们的想法了，“伙计，老师一定已经训过她了”。

这是我和艾米之间私人关系的开始。坦白地说，我后来对自己感到很惊讶，无法相信我做出的“自然”决定。那天，我决定多喜欢自己一点。事实上，那天我在上课的时候，内心充满了喜悦。那次圣诞，我们班赢了10美元的装饰门奖。我们把两扇门装饰了来庆祝圣诞和光明节。艾米是我们对犹太信仰和传统知识的来源。

第二节 是时候让我唱另一首歌了

如果没有这些需要我们立刻做出决定的时刻，教学会变成一个无聊的、可预见的、用讲稿写好的世界，教室会变得像机器一样，将教与学的过程分离开。

另一个学生，尼基进入了相同的教室。由于癌症，她的一只脚被截肢了，她也没让我们任何人忘掉过这一点。她的态度是“我有癌症，你们知道的，所以我需要特殊的照顾”，这让她的同学感到困扰。他们知道尼基理应获得一些同情，但是他们不喜欢她的态度，而且我可以察觉到一股不接受尼基的风气在悄然形成。无论什么时候有新同学加入了，他们都会帮助他把书从这个教室搬到那个教室，但是很快就厌烦了。

我们班级被邀请到布莱斯德尔中心的州课程会上朗诵我们的诗。我只可以带20个学生，所以我宣布我会选20首我们最好的诗，诗的作者也会参加。

尼基想要成为这些诗人中的一员，但是她的诗没有被选上。她是唯一一个到我这儿来问“为什么你不选我的诗”的人。比起想出一个回答，我看着她，建议道：“为什么你不多写点诗给我呢?”她的新诗是关于花、蝴蝶和彩虹的，我继续说：“再写点，尼基。”她看着我，问道：“你为什么不选我的诗?”我深吸一口气，温和地告诉她：“尼基，这些还不够好。”我问她：“尼基，你为什么不写些贴近你心灵的东西呢？那些你一个人的时候会想很多的东西，你对它们有着深厚的感情。”她直直地看着我，略带轻蔑地问：“你指我的癌症吗?”我回答：“如果你对此有着很多感悟的话，那么是的。”在早晨课间休息的时候，她在教室里抱怨道：“我不知道怎么开始。”我建议：“也许你可以从你得癌症前是什么样的开始。”她连续写了15分钟，当课间休息的铃声响起时，她写好了下面的诗，但仍需修改：

生命

以前我可以跑

跑过广阔的白色田野

以前我可以跳，就像石头跳过水一样。

以前我可以吊在栏杆上

就像其他的女孩一样。
以前我可以玩躲避球
可以爬榕树。

后来我的医生进来了
表情严肃。
他说：“这是件可怕的事。
下周二，你的腿将会失去。
因为检查显示你有癌症。”
现在我的腿没有了，
我觉得孤独又悲伤。
上帝还爱我吗？
我只剩痛苦。
我快要成功了
因为我有希望。
我发现了我可以写
我的感情和我的恐惧。
我很高兴我可以让其他人知道我的感受。
我很高兴我可以读我自己的诗，
它帮了我很多。
是时候让我唱

另一首歌了。

我们去食堂练习朗诵。尼基奋力站起来，拄着拐杖走到前面去，因为她的同学们学会不去帮助她了。每次轮到她的时候，她都会突然哭起来，无法朗诵她的诗。最后，我深吸了一口气，对她说："尼基，你是作为一个身患癌症的女孩站在那儿，还是作为一个诗人？我只带诗人去布莱斯德尔中心。"整个食堂陷入了寂静，仿佛一切都静止了。她生气地看着我说："诗人。"我说："好的。让我们听诗人朗诵吧。"这一次，她从头至尾毫无停顿地朗诵完了。

两个女生练习完后找到我，说道："K 老师，你对尼基说得很好。她真的很需要这样。"我谢过那两个女生，同时也和她们分享了我的不确定，以及那天我承担的有可能被别人认为苛刻的风险。她们让我相信我做的是正确的。

在布莱斯德尔中心，尼基一跛一跛地拄着拐杖，走向麦克风的场景是戏剧性的。她朗诵完诗后，所有的听众眼睛都湿润了。

在诗歌朗诵结束前，我"自食其果"。全班坚持让我借此机会朗诵我自己的诗。有些调皮的孩子还坚持让我朗诵那首有两页半长的诗。诗名为《锡人和眼泪》，在本书的"嘀嗒，嘀嗒，钟声响"章节中会出现。在我们的练习会上，我从没有完成过一次不结结巴巴的朗诵，也从没有一次大脑不是一片空白的。那次，每个学生都记住了我的诗，并且在我停住的地方可以接下去。那天，站在麦克风前时，我被眼前的场景感动了，不得不强忍着泪水。所有在第一排面向我的学生，都十指交叉地坐着。我没有让他们失望。我是个诗人。

第三节 我让我自己留级了

作为一个人，不是所有在课堂上做出的决定，都是值得一写的。很多时候，当我的高跟鞋摇摇晃晃将要裂掉时，我需要对自己的脚做出当即的决定。比如，我在密歇根州杰克逊县教书时，当时班上有个叫埃米的漂亮的一年级学生。她美丽的脸庞会被艺术家用来画天使，但是很多时候，她的美都被肮脏掩盖了。从她的脖子可以看出好几周没有洗澡而积累的污垢，她的金发又油又脏，乱蓬蓬的。每次她走进教室时，我都会察觉到她的出现，因为有一股异味。

一天，在阅读的环节，她犯了很多错误，我完全失去了我的庄重。我对她说："埃米，你读的感觉就和你自己一样。看看你，你的头发没有梳，脸上有脏东西。你读得乱七八糟，你跳过了许多单词。你真是一团糟!"

我不知道克拉克校长就在我训斥埃米的时候走进了教室。她和善地看着我，说："我会处理这件事的。"然后带着埃米走了。

不久之后，克拉克校长的声音从对讲机里传了过来："K 老师，埃米准备好回到你的教室了。"埃米进来的时候，头发梳过了，在她的肩头松散地流动。她的脸洗过了，头上还有一条巨大的丝带。教室里所有人都惊讶地抽了一口气。我看着埃米说："你看上去就像一个公主。"学生们齐声说："你看起来真漂亮。"

埃米的脸都红了。从那天之后 ，我还是叫她"公主"。克拉克校长后来告诉我，那是她在办公柜上的杜鹃花盆栽上找到的唯一一条丝带。

今年结束之前，我听说埃米住在拖车里，里面没有热水和洗浴设备。差不多每两个月，她会到她奶奶家去洗个澡。埃米的爸爸是个酒鬼。在一次"妈妈—老师"会议上，我自大地建议埃米的妈妈："为什么你不离开那个人呢？看看他对你和你的孩子都做了什么？"她回答道："但是我爱他。"她教会了我，不要把自己的价值观强加到别人身上。

我也知道了为什么埃米家只有一个家长来参加我们的项目，而不是两个。埃米告诉我，因为她们家的车子只能带一个人，而且车子没有底板。她觉得这是一辆特别的车，因为她们可以把垃圾往底板上扔，垃圾会直接掉在地上。

埃米教会我，每个人的行为都是有原因的，有时这超出了一个孩子所能控制的。我怎么能在不知道原因的情况下，把一整套期望加诸孩子们身上呢？我怎么能不成为每个孩子的同伴，怎么能不去指引他们，却判定他们有错呢？我怎么能把决定建立在忽视上呢？

我在杰克逊县教书之后过了 9 年，回到那儿去看了看。我的一个老师朋友把我以前的一年级学生都聚集到她的卧室来给我一个惊喜，他们现在已经是高二的学生了。埃米也在其中，像以前一样漂亮，脸上带着灿烂的微笑。我觉得我被原谅了。在那个炎热的夏日，他们一起唱了《圣诞快乐》，一首夏威夷圣诞歌，是他们一年级和我在一起的时候学的。

如果我们不断地失败，把原因归结到一个人的个性上，会轻易地成为我们对失败的一个拙劣说辞。埃米给我的记忆留下了很多年的阴影。我已经忘记我在教书第三年时对自己做出的承诺。我的侄女吉尔是我班上的一个一年级学生。她出生后是我给她起的名字，她对我而言是很特别的。那一年，我从没提高过嗓门。因为我想，我不能在教室里对吉尔这样。一整年，我都是和善和充满爱心的。我告诫自己，想象教室里总是有一台摄像机，我的行为会被投映到公共荧幕上。

这是一副万灵药吗？不。当我不再用花招，不再借助我以外的人，而是依靠自己的智谋时，一切变得自然且简单了。每次我在学生面前提高嗓门或是发脾气的时候，我也从学生眼里把我的自尊给擦掉了一点。每次我决定让一个学生留级的时候，我也让我自己留级了。无论我对学生做了什么，我都对自己做了同样的事。

第四节 带一个生日蛋糕到教室

在我第一年教书的时候，一个幼儿园的学生试图告诉我这个，但是我没有听他的。阿诺德眼中写满了挫败，说："我在家的时候，家人对着我大吼。我在学校的时候，你对着我大吼。"我用手搂着他的肩，充满防备，但是又温柔地说："可是我没有冲你大吼。我只是声音有点响。"我是在骗谁呢？

老师对于在教室里做决定这一事件并不是拥有唯一特权的。我六年级的语言艺术课上都是男生，他们大多数比我还高，他们热爱运动和女生要甚于他们热爱文学。开始上课时，我走到黑板前，背对着学生。这时，一个学生打断了我："K 老师……"我没有转过身来，说："等等，让我先把这个写完。"我又被打断了："K 老师……"但是我还是说："等等。"最后，一个学生走到我面前，低声说："K 老师，你的裙子上有血。"

我尴尬极了，看了看我的裙子，迅速地扫了男生们一眼，说："我很快就回来。"我红着脸跑到办公室，员工帮我把裙子洗了，用电吹风把湿的地方吹干，然后我调整好自己准备回去上课。我回到教室的时候，里面安静有序。我继续讲课，没有一个人说话。我实在是太尴尬了，什么也说不出。

我原以为下课后小道消息会疯传，因为这些男孩是那种会无情地戏弄他人的人，现在他们手上握有足以让他们的老师难堪的武器。然而，我没有听到任何关于我弄脏裙子的消息。第二天，我看着这些男生，说："昨天谢谢你们。"没有人说话，有的只有安静，仿佛在说"我们懂"。也许这安静的意思是："我们为你感到难堪，什么也说不出来。”一个年轻教师所具有的问题就这样显露了出来。

不断在教室里做决定的不只是老师，这就变得明显了。就像他们让我们看到的那样，学生们也会遇到不可预见的情况，也必须做出恰当的决定。教师做决定一定会更加容易，因为她或者他只是一个人。正如上面的事一样，一整个班级是如何一下子做出决定，要安静地告诉我我的裙子脏了的呢？他们作为一个集体，是如何决定为这件事保守秘密的呢？

学生们有多少次迫于同辈的压力，决定不在课上表达自己的？有多少次为了面子决定不说出他们不参与进来的真正原因？有多少次因为觉得我们不会公平地接受，而决定保持沉默，选择不把真相说出来？有多少次把我们从他们的决定中抹去？

所以，我们似乎总是处于心理活动中——教师和学生都是这样。就像我总是出于自己的舒服，而不是出于对学生的考虑做决定。因为我害怕进入一个未经探索的领域。学生们也经历着相似的情况。最重要的决定常常不关乎复杂的教育理论，而在于教师应不应该把一个生日蛋糕带到教室。而这些，常常是最难做的决定。

第五章　老师，你看上去像匹马！

第一节　蜗牛与奶牛

没有任何一所大学的教育课程会训练任何一个老师，让他在幼儿园和一年级的教室里，为真诚的、不可预知的、无法察觉的反应做好准备。那些要求以后的老师为每一门科目的课程做好计划的教授会被建议去幼儿班工作。这样他们就不会要求学生去写那些必须把学生和老师预期会做出的反应表现出来的课程计划了。不是所有的年轻人都会遵守这些单元计划的剧本的。一年级之后，他们咬紧牙关让老师来教他们的课程计划，通常是机械性的，但他们没有机会说“那些是你们的计划，我们可不在那儿”。

有一次，幼儿园的一个孩子把一只美洲蜗牛带到了班上。我很快地从我的图片文件夹里拿出一张美洲蜗牛的照片。我还知道一首可以在舞蹈中改编的蜗牛的歌。根据我的计划，我会是个完美的老师。在我们讨论的时候，我指着蜗牛的触角，一个小男孩问："老师，里面有电视，是吗？""不，不，孩子。"你的反应应该是保持安静，这样我就可以继续显示我在蜗牛上的专业了，也可以推进那支舞蹈的事。

有人可以不上一个农场单元就完成学业吗？有一年，我们在农场公告牌前围成圈坐好，一个一年级的孩子指着奶牛身体上的一个特殊部位问："那是什么？"

"那是乳房，那些是奶头。"我扬扬得意地回答。唉，真是一个开始讨论奶牛的好方法啊！谢谢你，孩子！然后我听到了她的嘟囔声："哦，可怜的奶牛。它要从那边嚼。"跟着是一阵整齐的"是啊，可怜的奶牛"。[在夏威夷克里奥尔英语中，或者洋泾浜中，复数的"牙齿（teeth）"和"奶头（teats）"听起来很像。]

教授，你现在在哪儿？这些时候可以是有趣的，只要不是校长坐在教室后面，拿着他的评分表。一个人安静地祈祷是没用的，"孩子们，请根据我的剧本来，这样我就可以有一个好的评价了"。

第二节 发型与脱毛膏

一天早晨，我比平常早了半个小时起床，来给自己弄个法式编发。那是当时很流行的发型，让人觉得很高雅而且有点巴黎的感觉。当我走进夏威夷大岛上的卢帕霍霍学校的幼儿班时，一个孩子跑进教室，在我面前突然停住了，惊呼道："老师，你看上去像匹马!"我应该多睡那半个小时的。那是我第一次，也是最后一次弄法式编发。

一天早晨，在我们一年级的"分享和讨论"环节，校长走进来的时候，一个学生正好在说她爸爸的白内障手术："他的眼睛里什么都有。"我太没有经验，笑出了声。

一年级之后，孩子们变得更加复杂，会悄悄地表达他们的不喜欢。所以，教师应该一直把自己的天线竖着。一天，我走进我三年级的教室，觉得新烫的头发很漂亮，那花了我 90 多美元。一个学生很快就发现了，说："你卷了头发，真好看。"我向他表示了感谢，像一个孩子想要更多关注一样，加了一句："真高兴有人注意到了。"

此时，莱恩坐在他的桌子前写日志，嘴里嘟哝着："我永远也不知道她是不是换了新发型，因为她的头看起来总是像个三角形。"(莱恩，因为你把几何知识用在日常生活中，所以可以得到一个 A，但我不会祝福你。)

课间休息的时候，沙托从楼梯上跑下来去操场值班。一个幼儿园的女孩正向楼上跑。她拦住了沙托小姐，兴奋地说："沙托老师，沙托老师，你在长胡髭!"不幸的是，或者说幸运的是，我们拼车队伍里的一个老师听到了这孩子说的话。放学后拼车时，我们几个女教师分享了这个故事。第二天，我们开车去学校，四个人都昏昏欲睡，直到凯瑞问道："你们都跑去买脱毛膏了吗?"我才知道我不是唯一一个在那天早上检查脸上毛发的人。

第三节　唯一一个在绝望时帮助我的人

孩子因为纯真而产生的想法和他们诚实的反应，常常是老师们带回家在晚餐桌上分享的，或是第二天在教师休息室里议论的故事。他们有时会因为孩子们不仅纯真，还有所罗门王那样的智慧而流下眼泪。

喜欢上什么，是诗人和作曲家都想要的。不幸的是，对什么失去喜爱也是这样。我曾是一所小学的督导老师；我没有要自己上的课，但是我要去访问这个地区的学校。我的办公室与其说是办公室，不如说是多功能教室里的一张桌子。孩子们每天早上换教室时都会经过那间多功能教室。一天，一个幼儿园的女孩走过，折了回来，站住看着我，然后问：“你觉得难过吗?”

我说，“是”。她抱着她的手，好像抱着一个婴儿，说道：“不要难过。当你还是一个婴儿的时候，你的妈妈爱你。”然后转身去上课了。

我打听了一下这个小女孩，知道了她和爸爸以及继母一起生活。她在适应生活中的变化上有些问题。一年后，我看到她拄着拐杖，身体由于脊柱结核扭曲着。我从来也没有忘记过她，因为她是唯一一个在我觉得绝望的时候停下来帮助我的人。

有5个孩子帮助我建立了我整个教育生涯的基础。在我从教的第二年，我和一年级的学生的家长开了一次家长会。5个家长告诉我："我的儿子（女儿）回家说，'我是老师的宠儿'。"就是在那时，我做了个决定：我要教书，这样我班上的孩子就会相信，他或者是她是我最喜欢的学生。在教室里不会有冷热不均的不公平，相反那种激情会让每个学生感觉到："我是她最喜欢的"。并且，只有当私人关系建立起来，并且在老师和学生之间得到维持时，孩子们才会有这种感觉，即使他们的老师有时看上去像匹马。

第六章　嘀嗒，嘀嗒，钟声响

第一节　我希望每天有两个早晨

已故的诗人仍活着

是那些死去的人让我还活着

在那些年的成长中

被禁锢在一个那么孤立的小村，

唯一仅有的沟通方式：

一条崎岖的路，路上没有车，

一台装电池的收音机，

三部社区电话。

是那些死去的人让我远离
西尔斯百货和蒙哥马利·沃德的目录，
那座偏远小村庄的造梦人，
一天我发现了一则神谕
在那些消失了很久的诗歌中，
描绘了一个奇妙的世界
为那个还没形成的我。

记得《死亡随想录》里的诗句
背诵爱伦·坡的《安娜贝尔·李》
和伊丽莎白·巴雷特·勃朗宁感同身受
《我是怎样的爱你》
孤独地梦见
和艾米莉·狄金森一起。
是的，是的，我说。

相信萨拉·蒂斯黛尔的名句：
人生有爱可以交换。
令人烦恼的是遇到两条分开的岔路，
我知道我不可能两条路都去走。
想象一千艘船沉没了，

并且，成为快乐的幽灵，
让我每天希望有两个早晨。

是的，是的，
是死去的人给了我梦想，
把我塑造成我想成为的人，
在我成为之前很久。
但是，哦，我是怎样
像一朵孤单的云一样漫溯。

弗朗西斯·K

第二节　诗歌和孩子是生命的礼物

诗人乔治亚·舒德在一间工作坊中问道："你从什么时候开始成为一个诗人?"说实话，是在夏威夷大岛上的卡普霍。儿童时期我的夏天都是在那里度过的，和我的家人以及朋友一起露营。那里有棵树，我坐在树上，看着波浪翻滚着拍向海岸。有时我的手上会拿着一本书，但大多数时候，我把身体靠在坚固的树枝上以保持平衡，不让自己掉下去，然后看着那些波浪。就是从那时起，我成为了一个诗人。

我在密歇根州杰克逊县开始了创作。在那儿，我和我的笔友住在一起。我的屋子在阁楼上。一天下午，我向窗外望去，看见落叶慢慢地从我的窗前飘落，我脑海中响起罗格·威廉姆斯舒缓的钢琴曲《秋天的落叶》。我第一次在新环境中知道了那首歌的含义。

冬天来临了，我记得我在下了初雪的路上行走。我一直朝后看，看自己留在雪上的脚印。我感到如此的悲伤，思忖着："这是那么的美好，但是我没有办法把它们留下。"我开着车向学校驶去，经过被白霜覆盖的树枝，我为它们的美感到惋惜。然后，我又成为一个诗人。

一个夏日，我坠入了爱河。我给了他一首伊丽莎白·巴雷特·勃朗宁的《我是怎样的爱你》。作为回报，他给了我一首罗伯特·弗罗斯特的《未选择的路》。然后，他离开了我。我一遍遍地读《西瓜腌菜的礼物的反思》，放了一张库·李的唱片《我会记住你》。我开始写诗，以免自己死去。这是我作为诗人的天赋，我无法停止成为一个诗人，永远也不会。

这本可以用诗歌的形式书写。事实是，诗人之所以是诗人，不总是因为他写的诗，而是因为内心的一些东西，以及把他的内在自我和身边的世界连接在一起的体系。诗歌是天赐的礼物，我们把它写了出来。

几年前，我收到了我以前的一年级学生从密歇根州寄来的信。她现在已经身为人妻，并且是 4 个孩子的母亲。当她看到孩子们乘上校车去学校之后，她写道："我第一次意识到你在一年级的时候想要告诉我们的东西。今天早上我才发现我身边的美。我从厨房的窗子往外看，忽然我好像有了一双新的眼睛。我想，'这就是我一年级的老师当时说的东西吧'。"在那个时候，她成为了一个诗人。

温迪·威尔在她三年级的时候自己发现了这个，我有幸也在场。我们在研究俳句，关注意象，发现日本俳句诗人松尾芭蕉和小林一茶对语言的有效使用，想象只用17个音节来创造所有的意象，想象那些所有可以帮助我们创造意象的语言都在我们的指尖上。"看这些书，"我说，"这些书都获得了诺贝尔奖和普利策奖。这些是一个作者可以获得的最高荣誉。这些书里的每一个字现在都在这间教室里，都在这本字典里。这些作家做的所有事情，只是把这些字组合在一起，创造他们想要创造的意象，或是人物、场景或是他们在书里想要的情节。你现在就拥有这些。"

在我说这些的时候，温迪激动地说："我知道写什么了。几年前，我们家乘火车出去旅行。我看到了车窗外美丽的冬景，但是我觉得很悲伤，因为我什么都做不了。但是现在我可以了。"温迪的俳句是：

白雪落在地上，

安静的早晨。

一列火车开过。

她用那个早晨发现了存在于她内心的诗人，并且她从未放弃成为诗人所要承受的，所有的痛苦、疼痛和美好相伴。当她发现诗人指的不是把字写到纸上的人，而是一个有能力发现一个人的生命与他的内心和外部世界之间存在联系的人、能够理解世界的人时，她明白了成为诗人意味着什么。当她作为从威顿大学到法国的交换学生，在法国度过一年的时光时，她的电子邮件里充满了诗意的意象和可以填满人的灵魂的描写，以及她在周游异国时的想法。

学生们通过与自己内心的诗意心跳和意识接触而成为诗人——在他们拿起钢笔或者手中的铅笔前。否则，写诗会轻易地变成一项机械的练习。19 世纪的大隈言道说得最独到：

诗歌不是写来歌颂月亮和鲜花的；诗歌所言之物，必须是我们对月亮和鲜花的反应。我们必须永远不忘，在我们的心中有我们诗歌的种子。如果只是谈论月亮或是鲜花，诗歌就简单地成为诗歌的形式，而不关注人们的心灵。如果这些事物成为我们自己的一部分，那么相反的，我们就会欣赏它们。

学生们也需要有丰富的资源，并运用语言来使自己把诗歌的意象、感情和思想呈现到纸上。就像温迪，她必须发现俳句的形式才可以完成她的诗歌练习。学生们需要在人生的不同阶段体验语言。温迪的父亲在她念高中以前一直念书给她听，所以温迪第一次接触经典文学作品，是通过她爸爸的声音进行的。在现实世界的会话非常受限制，这是因为我们很少改变我们的句子结构，或者日常会话中的词汇。相反，它们已经变得十分牢固。正是通过文学，我们体验到语言在多种形式中的力量，以及表达的可能性。

当我的第一本诗集出版的时候，我惊讶地发现它被用在了高中和大学的英语课中。我没有上过任何与写作或者诗歌相关的课程。“你们从我的诗中看到了什么？”我问了一个高中的老师，于是她开始列举我在诗中所有的诗歌意象，以及文学手法。我不得不使用字典来查阅什么是讽喻，因为我完全不知道在我写的东西中，我使用了这种技巧。

当我创作这些诗歌的时候，我想表达我的感情和思想，并没有注意到我使用的手法。这是真的，因为我不知道这些诗歌手法是什么；我是在从孩童时代到成年之后的这些年里读的书中看到对语言的实际运用才知道它们的。

后来我理解了为什么一些学生，如果他们对文学手法、语法规则和标点符号只具有字典上的那些知识，那么他们是无法在写作中运用这些东西的。想要做到这些，他们需要体验和探索，在写作时完全沉浸到语言的实际使用中。

第三节 每个人身体里都有一个诗人

什么是诗歌？在大岛上的威育马太福音学校一堂幼儿班的课堂

上被精妙地定义了。我受邀作为一名在职诗人去教孩子们写作诗歌。在被介绍后，我问："你们知道诗人都做些什么吗?"

"写诗!"学生们齐声回答。"你们知道什么是诗歌吗?"我问道。这次只有完全安静了，最后一个小小的声音响了起来：

嘀嗒，嘀嗒，钟声响
老鼠爬上了挂钟。
老鼠跑下了挂钟，
钟敲了一下。
嘀嗒，嘀嗒，钟声响

另一个声音补充道：

玛丽有只小绵羊，
它的毛像雪样白。
不管玛丽到哪儿去，
小羊一定跟着去。

我觉得我起鸡皮疙瘩了。"对，"我说，"你们知道什么是诗歌。"这些5岁的孩子已经证明他们知道诗歌和记叙文之间的区别。没有人提到《三只公羊》或者《三只小猪》，但是他们已经开始背诵童谣了。我想祝贺那些在这些孩子人生中给他们念书的人。现在是初秋，这些孩子还没学认字，所以他们不是通过形式来知道诗歌和记叙文的区别的，而是通过语言的使用以及对语言的知识分辨清楚的。语言学家迈克尔·韩礼德对此的描述最好，他说，儿童之所以知道什么是语言，是因为他知道语言是用来做什么的。

在我访问的结尾，孩子们都写了诗，里面有丰富的形象。而且在我问“我说你们每个人身体里都有一个诗人时，你们不相信我。今天我们来把你们身体里的诗人解放出来。那么，你们把他放出来了吗”时，他们大喊道：“放出来了！”

我是怎么帮助孩子们把诗人放出来的呢？我先让孩子们把眼睛闭上，然后我念了一首俳句。接着，我要求他们描述他们在脑海里看到的东西。我解释道，这些就是意象，或者说是我们在脑海中看到的图像。这就是诗人做的事：用文字来描述这些出现在我们脑海中的图画或者图像。有时，最好把我们的读者想象成盲人，他们看不见，所以我们需要用文字在他们脑海中激发出我们看到的东西。

他们坐着，闭着眼睛，把他们看到的图像说出来。“我看到了云。”“我看到了一只大怪兽。”一个小男孩十分害怕，声音颤抖着说：“老师，我只能看到黑暗。”我温柔地问他：“你最喜欢吃什么？”他说：“意大利面。”

“你能看到意大利面吗？”“可以。”“很好，现在闭上你的眼睛，想象你最喜欢的意大利面。”他的肩膀放松了下来，开始闭着眼睛和我分享其他的图像，他也由此开始了朝着诗歌写作迈进的第一步。

第四节　写作灵感的来源

一个在可爱岛上的学生教会了我，有时候要从非常具体的东西开始。当我受邀走进一年级教室时，我看到一群老师坐在教室后面，一副“好啊，让我们看看你能办到什么”的姿态。在几分钟内，我意识到，对于上我的诗歌课的学生，英语只是第二语言。于是，我们从三行的俳句开始，接着过渡到意象上。

我让孩子们都到外面去，为了我们的第一首诗寻找可以带到教室里的意象。一个小男孩高兴地回到了教室，握着拳头。“老师，老师，我找到我的意象了。”然后他慢慢地把手松开，给我看一片枯萎的黄叶。“告诉我这片叶子的事吧。”我启发他。“从树上掉下来。”“掉到哪儿去了?”“掉到地上了，老师。”“它是怎么掉下来的? 很快地，还是慢慢地?”“慢慢地……慢慢地……”他回答道。“叶子是什么颜色的?”“黄色的。”“你可以把你刚才告诉我的东西写下来吗?”“好的。”

为了和俳句三行的特点一致，他写道：

一片枯黄的叶子飘落。
慢慢地，慢慢地
落到了地上。

他的第一首诗和我用作例子的俳句非常相似。

在写作时，我们尝试对语言进行不同的运用。关于那句“一片叶子飘落”，学生们描述了他们看到的东西，描述了许许多多的形象。另一句“一片红色的枫叶慢慢地落入小溪中，漂远了”，他们的意象变得更加准确，也更接近一个作家笔下的意象。如果我们想让我们的读者看到我们作品的细节，就需要使用语言在他们的脑海中创造出这些意象。

然后我们用语言来展示一个被认为水平不好的作家和一个成功的作家分别是如何使用语言的。为了进一步探索更加准确的意象的价值，我们常常只是像水平一般的作家一样，故意使用像“漂亮、好、美”这样的词来证实这些平淡、普通的形容词是无法创造出生动的意象的。于是，学生们开始察觉到语言使用的力量和功能。

当学生们了解“我是一个诗人”的时候，总是十分重要的。有一次，我造访一个五年级已经开设诗歌写作课程的班级。一个学生低着头，并且在他身边别的孩子开始写作的时候，一直保持这个姿势。他看上去不是很开心，于是我走到他身边问：“你觉得怎么样？”回答我的只有沉默。我继续问：“我有种感觉，你不喜欢这个。你希望成为其他什么人吗？”

他怀疑地看着我，点了点头。“好的，”我说，“诗人在写他们真实的感觉和想法时总是做得最好。你想要去哪儿呢？”他说了一些地方。我继续问：“你为什么不写那个——比起和我在一起，你更想去的其他地方？”

他写了一首诗，开头是“我希望我在别的什么地方”。我问他是否会和班里同学分享这首诗。他问：“这个写得好吗？”我说：“非常好。你是个很棒的作家。”他要我朗读他的这首诗，于是我念了，全班都为这首诗鼓掌。那是一条河流流动的开始。他把诗的其余部分都写完了。当下课铃响的时候，他走到我面前，说了声“谢谢”，然后走了出去。

他的老师问我：“你对他做了什么？这是他第一次对功课有兴趣。”我回答：“我没有否定他的感觉。”然后她告诉了我一些他的背景：他和一个酗酒的单亲家长一起生活。此时，我不得不抑制我想要跟着他，看到他过上好生活的念头。

发现一个人是诗人常常意味着他有了自愈力。一天，我在我的桌上发现了一张叠好的纸，纸上写着下面的诗：

改变

我的家不再是以前的样子了。

我的妈妈没有得到足够的爱

她说。她只告诉我。

她爱上了其他人

我不知道我该做什么。

很快，到了三月，我就要有一个新的家了，
遇上新的朋友，和新的爸爸
度过剩余的人生，
哦，上帝啊，请帮帮我。
请让我的思想
平静下来。

那天之前翠丝的妈妈告诉翠丝她出轨了。翠丝对此感到害怕和不安，她哭着告诉了我，我也给了她我的建议。她让我对这首诗保密。第二天，翠丝和我进行了另一次讨论来探索她的情感。在结束的时候，我问她："你知道你写了一首很棒的诗吗？"她问："是吗？"看上去很高兴。啊，我想，原来是真实的人和创造的人物之间的较量。

第二天，翠丝找到我问："我写的诗真的很好吗？"我说："是的。"她说："你可以把我的诗放在公告栏里，也可以把它打出来放在我们的诗歌书里。"我们讨论了她的诗的个人特点，决定也许我们应该和她妈妈一起把这件事弄清楚。

她的妈妈的反应是："我的天哪，不能让我的丈夫看到。"我和她的妈妈对创作过程以及写作的来源进行了讨论。写作的来源并不总是真实的生活经历，也可以来自作者的想象、构思或者其他经历。我给她看了我的一首关于孩子诞生的诗，并解释道："我是单身。我写了这首关于生育孩子的诗。我有孩子吗？或者说我的来源不是与个人的经历十分相关吗?”

第二天，她给我送了一张便条，感谢我向她解释创作过程以及给她看我出版的诗集。她做了这样的决定：“无论如何，翠丝应该在她的诗里有她的名字。”

我们出版了我们的诗歌集，在我们的诗歌阅读和自传聚会上，翠丝的妈妈和爸爸也在观众之列。他们感谢我给翠丝展现了一个全新的写作世界。他们觉得她是个诗人。

我自己也要探索我的学生和他们的父母需要学些什么。当我有了第一本出版的诗集时，我对一个朋友说：“但是他们不懂。”我指的是一些公众的反应。她的回答很睿智：“也许是他们不能理解吧。这是你的东西面向公众后你要冒的险。一旦你发表了一首诗或者有了一个读者，那么这首诗就不再是你自己的了。”

在我的诗集《沙砾》中，有下面的诗：

从男孩到男人

我握着他的手
轻轻地哭了

还没有，还没有。

但是哪怕是小男孩
也需要自由。

我觉得他在
悄悄地离我远去——
小小的，无穷的勇气

没有看一眼
我站在那儿，

他走进了房间
孤身一人。

一个同事告诉我，因为她的小儿子，她不能把我的书放在卧室里。她没有发现，她的儿子有了这种“肮脏”的和性有关的想法，她说，她是从她儿子对我的诗说的一句话里发现的。她指的是《从男孩到男人》这首诗。她解释道，“我儿子说，‘她在说走进浴室’”，也就是诗的最后一句。

这首诗也被用作加利福尼亚州某校区一间开放式房子的主题。

当我为《沙砾》举办第一次签售会的时候，我一个一年级学生的家长看了书，安静地把它放下了，在走之前对我说：“我不知道你写的是这样的诗。”他是个基督教的牧师。我该怎么处理这个呢？那个年轻家长无声的报复。

他的女儿贝丝写了一首诗，开头是“K老师在洗澡”。相应的，她喻指一个在淋浴头下裸体的K老师。她的妈妈走了进来，为她女儿写的那首羞耻的诗向我道歉。她解释道，她不知道女儿怎么会用裸体的，而且她已经教训过贝丝。我告诉她，她很好地为K找到了押韵的字。对我的问题“这样有什么不对”，贝丝的妈妈解释说，她从来没有被女儿看到过自己的裸体，因为她换衣服的时候都是关着门的。我把贝丝的诗放在了公告栏。

对我们时代伟大的经典艺术作品，老师能做些什么呢？我有一个单元是关于艺术的，包括凡·高、米开朗琪罗和其他艺术家。12月的时候，我得到了一幅耶稣婴儿时的画，裸体的，被圣母马利亚抱着。没有人眨一下眼睛：学生们没有，他们的家长也没有。

温迪、翠丝和其他的学生发现了诗歌的力量，也在各自的探索中发现了慰藉和巨大的愉悦。他们懂得了写作的创作来源使他们不用被认为这是个人的坦白。这种知识来源于对其他作者和他们的作品是怎么被探索的。因为他们知道，如果不把人物和诗人分开，那么就会被那样看待。

我们是如何从作者身上得到最好的东西的呢？也许让所有教学生写作的老师自己体验写作的过程是最好的。当我在教书时，州写作评价方案建议三年级的学生描述他们的卧室作为描述写作的练习。

不是所有的孩子都有自己的房间的，有些孩子可能住在货车上或是其他什么地方。为了保护他们的自尊，许多学生不会告诉你他们没有这种描述写作的来源。

有一年，我决定对我自己的房间做描述写作，然后发现这是不可能的。这是个相当宽泛的任务。我的建议是，“写一棵树，或者一棵草，而不是森林”。让我描述我房间的一小部分的话，我可以写床上那个特别的枕头，那是我一个亲密无间的朋友做的，现在我们分开了。一个连作为老师的我们都觉得困难的话题，我们又怎么能要求学生们来做呢——我们的年龄比他们大多了。

教师和作者理解写作的来源变得十分重要。我在公共图书馆做义工时，接到了一个请求。高中的孩子们需要有人帮助他们的写作。这些孩子对写作有热情，但是对在课堂上写作不满足。

第五节　感受学生们的痛苦与美好

丽莎是一个九年级的学生，进来的时候还在吧嗒吧嗒地嚼着口香糖。她把书包扔在我前面的桌子上，里面掉出了一包烟。然后她给我看了她的诗，每一首都和爱与性有关。我忽视了除诗歌以外我看到的任何东西，称赞了她诗里的一些鲜明的意象。当我看到她的香烟，听到她在嚼口香糖时，我知道她在考验我。我们单刀直入地看她的诗，别的什么也不看。

因为她对爱很感兴趣，所以我推荐了其他她可能会喜欢的诗。她很惊讶她不是唯一那个写爱的人。接下来的一周，她都在图书馆的诗歌区找诗集。

一天下午，她扔给我一首诗，说："我在等你的时候写的。"这是一首有着生动意象的诗，关于一个孩子脸上挂着眼泪，在荡秋千的情景。她解释道："我往图书馆走，看到一个女孩在秋千上哭，这让我觉得很烦，因为我总觉得孩子在秋千上应该是高兴的。"

然后她拿出了一只紫色的陶瓷奶牛，说："明天的作业，我必须写一首关于这个的诗。"我看着那只奶牛，又看看她写的诗，建议她用这首诗。"不行，"她说，"不能这样。我的作业是写一首关于这只奶牛的诗，所以帮帮我。"她写了一首没有生命的诗，我建议她把两首诗都带过去，和老师解释她看到那个孩子在秋千上的情景。"不行，"她说，"我不能那样做。"

她的意思是，她没有被允许用自己发现的资源来写诗，她只能去写老师布置的题目。实际上，作者在发掘他们自己的经历、想法、感情和思想的来源时，写得最好。那只陶瓷奶牛是强加给她的，丽莎违背自己的内心来写作。

蒂法尼走了进来，说着她计划写的小说里的人物和情节。她也说到她将要写的诗。一个多月了，她光说她想做，却从来没有把任何东西写出来。我告诉她我不会再和她见面了，因为她没有写东西。她紧张地摇头，说："我不能让你读我的东西——因为你怎么看我对我很重要。”

啊，我知道了！她害怕被评论。我们讨论了写作的来源可以是真实的或是想象的。她站了起来，喜形于色。然后她顿住了，说：“我不可能成为优秀的作家，因为我不允许说脏话。”她告诉了我她的限制。她是基督徒，不能使用冒犯的语言。她指出，现在的畅销书里充斥咒骂的话，拥有这种宗教背景的她怎么能像那样写作呢？

“蒂法尼，”我说，“给我举个例子。”她解释道：“一个人物觉得沮丧，用F开头的字咒骂，来表达感情。我不能用那个F开头的字。”“蒂法尼，”我说，“为什么那个人物会用F开头的字呢？”蒂法尼回答说：“他想要表达那个人物是多么的愤怒。”我继续说：“蒂法尼，这是你描述一个人物的愤怒的唯一方式吗？”

蒂法尼站了起来，不停地徘徊，把一只手握成拳，打另一只手。她把这一行为描述为一个愤怒的人的行为。她跳了几分钟，对这个发现很兴奋，感叹道：“我知道你在说什么了！我知道你在说什么了！我可以使用肢体语言或者其他语言！谢谢！谢谢！”

那是她写作的开始。所有要做的就是把写作过程看成是：

1. 作者探索他或她自己的想法、感情、思考以及真实的或者想象的经历的资源。

2. 作者唯一的工具就是语言。

3. 通过语言，作者把他或者她的资源转换成符号形式，比如诗歌、故事、戏剧、非科幻小说等等。

4. 读者结合他或者她自己的想法、感情、思想以及真实的或者想象的经历的资源给这个符号形式赋予意义，经历通常指的是以前的知识。

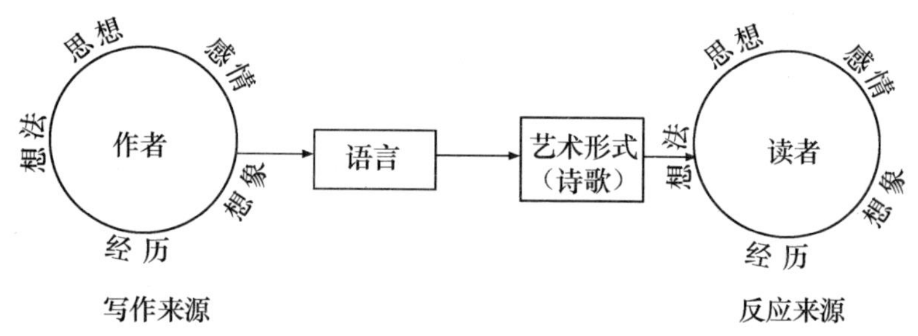

于是写作开始了。

老师在和作者互动时，可能会有自相矛盾。老师鼓励学生诚实，自由地用他们的诗歌灵魂写作。当他们这样做的时候，我们会用我们自己的诗歌灵魂去接收，这可能是痛苦的、快乐的或者美好的经历。一天深夜，我在读学生们的诗时，感受到了他们的痛苦和美好。我无法入睡，直到我写下下面的诗来表达我的感想：

锡人的眼泪

从我的台灯射出的灯光

放大了我桌子上的混乱。

我坐着，一页一页地看那些诗句，

这是今天课上写的作业。

一个孩子的“我没有东西可以写了”
不停地在我脑海中重复
就像大腿上的激灵。
我恐惧地坐着，被人类以外的情感感动了
一目了然地看到他们的灵魂
在我眼前。

我关上了台灯
在床上寻求解脱。
但是那些赤裸的灵魂不停地盯着我
从黑暗的天花板上，从墙上。
我的思想和阴影一起动了起来
那些由街灯投下来的阴影
穿过我透明的窗玻璃。

哦，要是有一根神奇的魔杖，而不是纠正错误的红色钢笔：

一根神奇的魔杖来寻找治疗癌症的方法
来拯救丹尼的妈妈和他生活的全部。
带走那条困惑和恐惧的
偶尔在他脸上扫过的面纱

现在出现在了他写的诗里。

一根神奇的魔杖来让杰克的爸爸清醒过来
那么她的眼睛就不会再被那些记忆忧愁笼罩
那个夜晚在持续什么。
她的诗歌中愤怒的咆哮，悲伤的低语
以及生活应该有的样子。

哦，让我成为上帝或者奥兹的魔法师：

拂去那些不愿滑落的眼泪
从大卫的眼中。
因为家庭遭遇婚变而害怕、困惑
不幸出现在他那双曾经微笑的眼睛里
这样他就可以再写他的自行车和足球了
而不是对失去母亲的恐惧。

哦，成为上帝：

把亚当的脸上装满笑容
因为他写的爱和快乐是那么的智慧

它们让我笑了出来。
让温迪的心不那么敏感
这样她就能看见美而不会感到
失去和痛苦。

为我自己，一个锡人的转变
今天的这个小时
一个锡人让我不用再感受残忍的痛苦
和每个孩子的恐惧，我现在拿着他们的诗。
远离只是纠正和记录
在我褪色的棕色的评分本上记下每首诗。
突然屋子亮起了光。
是上帝吗？是魔杖吗？是奥兹的魔法师吗？
我敢把每个灵魂
放进我的小锡人里吗？
我敢剥夺每个孩子
他们的
快乐、疼痛、痛苦吗？

我敢试着停止这个如此痛苦的世界
但是流入了这些创作的形式中吗？

我敢“把每个人都写出来”
哪怕在每个开始之前吗？

我把纸收集了起来
为了明天的课。
我，不是神，也不是奥兹的魔法师，
我只是一个人
拥有所有的脆弱、力量、痛苦和快乐
孩子们的这些情绪，他们的作业在我手里。
我，关上了灯。

第七章　他的手在我的手中

第一节　菲利普爱上了读书和写作

在夏威夷一个9月的清晨，也是开学的第一天，一个我以前三年级的学生，丹斯特尼·圣·劳伦特和她的弟弟菲利普，在我的教室前等我。她向我打招呼："K老师，这是我的弟弟菲利普。他不认字也不会写，你是唯一可以帮他的人了。如果他到了四年级还是这样，他一定会挨打的。"

我看着菲利普，他的头低垂着，我公开宣布："菲利普，你不仅会学会认字和写字，还会爱上读书和写作。"他摇了摇头说："不可能的，不可能。"

第二年5月，丹斯特尼上五年级了，在我课间休息轮值的时候她在操场上找到我，说："K老师，你真的遵守了你对菲利普和我的承诺。"我说："我做到了，不是吗？"丹斯特尼说："是的，你做到了，谢谢你。”

我是怎么做到我的承诺的呢？那时我承诺菲利普：“你不仅会学会认字和写字，还会爱上读书和写作。”我知道最初的5分钟很重要，对他三年级接下来9个月的成败会是决定性的。我邀请菲利普拿上三年级的基础读物到我的班上来。无论老师的教育术语多巧妙，学生都能准确地知道老师用的教科书是怎么规定他们的。我需要用三年级的基础读物，因为我发现菲利普清楚地知道三年级会用什么书。

“菲利普，你知道这是什么吗？”

“知道，这是三年级的书。”

“没错。我有种感觉，你已经可以读这本书了。”

“不，我不会读。我甚至都没有二年级的书。”意思是他无法读二年级的读物。我深吸了一口气，翻着那本书，发现其中一页上有很多视觉数据线索。

“试试这个。”我说，并且屏住了呼吸。他努力着，但是借助上下文和视觉数据线索，只能读一句句子。我让他停了下来，对他说：“你刚刚读了三年级的书。”菲利普的鼻子有汗水滑落，身体也放松了下来，但是他整个人都接收到了这个信号：“耶，我可以读三年级的书。”

只有在K-12年级才有按年级划分的阅读等级。我们从来没有说过有20岁或者40岁的阅读等级。菲利普被这种没有意义的等级制度给俘虏了，他认为自己比他的同学的能力要差。

然后，我和他讨论了恐惧。“菲利普，在我的教室里，我不想任何人感到害怕。你有时候会感到害怕吗？”“当功课太难的时候，我一直都感到害怕。”“在我的班上，没有人会很长时间觉得害怕。当你觉得功课太难的时候，或者当我解释什么而你没听懂的时候，不用觉得害怕。只要告诉我，‘我觉得这个有点困难’，那么我就会帮助你。或者告诉我‘我觉得害怕’，那么我就会注意这点。”“好的。”到此为止，我们两个人的开学第一天开始了。

在他 10 月第一本“作品集”中，他写道：“我是特别的，你会喜欢我，因为我是一个好作家，也是一个好读者。”12 月之前的某天，他在我的桌上留了一张便条：

谢谢你教我如何阅读。我原以为我永远都不会读书，但是你给了我鼓励。

爱你的，菲利普

另，我猜你结婚了。（“结婚”这个词被擦掉了，把拼错的 Y 改成了 I，更正了。）

菲利普给他定了个让他的老师在那年结婚的任务。他的年终本子有如下的一页：

我感谢我的老师教我如何阅读和写作。我爱阅读，我是个优秀的作者。我也很擅长数学。

菲利普是怎么会有这个想法的呢？他被允许自己决定他的学习。我知道我可以帮助他学习读故事书，但是我也知道菲利普是怎么用基础课文测定他的阅读水平的。我给他看了基础课文和一些故事书。“菲利普，”我说，“我可以帮你读这些读物，或者这些故事书。你想用哪种书呢？”他选择了基础的。几周过后，他说：“我可以试试其他的书吗？这些太难了。”他还是继续把基础读物放在自己桌子的抽屉里。6 月了，也许该提醒他，他和其他孩子是一样的了。

一天，我说：“菲利普，我不能给你你需要的所有帮助了，因为我有一整个班要教。但是我可以在课间的时候或者放学的时候帮你。你会考虑一下然后告诉我吗？”我故意没有和菲利普的父母讨论这件事，因为我想让菲利普自己做出决定。第二天，他说：“你可以放学了帮我吗？因为我不想放弃我的课间时间。”

为了帮助他写作，我们从复习他知道的东西开始，包括音标、韵律、辅音和元音，以及每个音节通常有一个还是多个元音。我们在读故事书时是以了解它的意义为目的的。

为了菲利普，我讨论了商业世界里的秘书的作用，还讨论了为什么一个执行者越是成功，他的秘书就越多。看到菲利普和其他学生与他们的“秘书们”一起工作，是很常见的情景。秘书是他们的同学，帮助他们阅读和写作。我们有一个秘书库。

在这一学期，菲利普后来接受了测试，并且他符合特殊教育班。我和特殊教育班的老师谈过，请求她让菲利普在课上做决定的时候可以发挥一点作用。老师提供了两个时间表让他选择。在我解释了为什么特殊教育班的老师可以提供比我更多的帮助后，他被允许去参观她的教室。然后，老师给了他两个选择：在体育课和艺术课的时候去特殊教育班，或者在写作工作坊的时间去。尽管菲利普喜欢踢足球，喜欢体育和艺术，但他还是选择在体育和艺术课去，“我不想错过这里的写作”。重要的是，菲利普的父母在他身后支持他的决定。

在第二学期时，菲利普告诉他的特殊教育班老师：“我不会再回来了，因为我认为你无法再帮我了。”老师认同了菲利普可以控制自己的学习的事实，她在和我讨论了之后决定介绍菲利普去电脑班。菲利普同意待在那儿，因为我们班里没有电脑。

菲利普现在是一个自信的孩子了。比方说，一天他对我说：“为什么不让我成为你的大脑呢？因为你没办法想到所有的事。”“说定了。”我说。这发生在一次班级聚会之后，他问我，他能不能把一盘饼干带到我们的管理员那儿，我为他的周到表示了感谢，因为我没有想到这个。

菲利普对我们的社会研究和科学讨论做出了很多贡献。学生们开始问他：“你是怎么知道那么多关于维京人的事的?”菲利普回答道：“我姐姐念给我听的。”这再一次支持了我的观点，一个孩子的学习能力并不取决于他的阅读水平。大声地给孩子朗读会影响他的阅读等级。孩子们不应因为他们还不熟练，就被剥夺从文学作品中受益的机会。

我把每天给班上学生读东西，给他们介绍作者使用的文学手法当成了惯例。创作性的戏剧也成为探索文学作品的必要部分。孩子们成为剧里的人物，为整部剧从开始到结尾创作情节，用他们的身体创造场景，用即时的对话来诠释并且对作者的作品进行再创作。菲利普和他的同学开始了解一部好的文学作品是如何诞生的。他的写作开始涉及有着鲜明个性的人物，有高潮，可以辨认的情节和明确的结局。

从本质来说，三年级要求教的所有语言艺术技巧在所有的课程中都有，并且不局限于语言艺术。这包括阅读、写作和口头交流技巧。我把上面说的所有技巧都囊括在基础课文阅读项目的教师手册中，我用自己的教学满足了三年级的要求。我涵盖了所有这些技巧却没有用基础读物本身。因为它们异曲同工，而且可以让孩子们参与更多有趣的创作活动。

菲利普的妈妈，米琪·圣·劳伦斯特如此感叹：

对菲利普而言，学校是痛苦的。但是他成功了！

富有爱心的人们在他人生中的不同阶段帮助了他。其中之一就是弗朗西斯·K，她曾是菲利普三年级的老师。他走进她的房间，菲利普是一个因为需要特殊服务而在他的人生中第二次接受测试的学生。尽管他表现了他在幼儿园时就有的阅读障碍，他在一年级的时候也接受过测试，但是由于没有达到两年差异的标准，所以他没能获得任何额外帮助。教育局那时的政策是，学生在两年后才可再接受测试，因此菲利普不得不等到三年级了。这一次，他表现出四年的差异。

作为他的家长，我们看到菲利普的自我价值从他的灵魂中一年又一年地流失，作为他的妈妈和教师，我试图在家里教他。但是，菲利普觉得他受到了惩罚。在结束了学校一整天的学习后，他把我在家里的帮助看作“学校的延续”。不用说，我感到沮丧和无助。但是弗朗西斯帮助了我们。

弗朗西斯让她的每个学生都觉得自己是“特别的”，菲利普也不例外。她的做法是，让学生们把自己的感情、梦想、恐惧，所有的想法都写下来，并装订成册。菲利普的第一部作品集是《我是特别的!》。那年，他在弗朗西斯的指导下写了好几册，在年末的时候，菲利普和他的同学们在作家茶会上庆祝诗歌集，学生家长和学校的重要人物也都出席了。那天的茶会对菲利普是十分特殊的一次。不光因为那天是他的生日，还因为他有机会以作家的身份朗诵他的诗。

因为菲利普坚持继续完成学业，他也继续在阅读和写作上下功夫。在他被诊断有读写困难时，我们开始更多地理解他的学习方式了。菲利普是听众般的学习者，他在“实践”的学习环境下蓬勃成长。他也有短期记忆困难，这意味着他一次只能专注于一项任务。如果他的大脑在专心听老师讲课，那么他就没办法写，因为这就意味着他的大脑必须集中于形成他要记的笔记的字母上。于是，使用录音带来记录是唯一有效的方法，但他必须记得把它打开。

二年级整年，功课变得更难了。我想要让世界知道无论菲利普多么努力，他都被一个“对满足他的需求不够灵活”的系统给俘虏了。相反，他只能去适应这种体制习惯于处理像他这样的学生唯一的方法。如果他比一个普通的学生，需要花 5 倍多的时间来完成一项任务，这没关系。他只是单纯地需要去做，哪怕这意味着要把他从他最喜欢的优育上拉开。坐在教室靠前的位置可能会让他学得更好，但由于他的姓是 S 开头的，而学生们的座位是按照字母表的顺序排的，他只能坐在教室后面；不过这也没关系，他对这样的安排也是满意的，那儿几乎没法被注意到。但是我们要求把他移到前面。如果作业是给他写在纸上的而不是写在黑板上需要学生们在离开教室前抄好的，他可能会做得很好，因为菲利普的大脑常想着收拾东西到下一个教室去；但这还是没关系。因为对大多数人而言这是无关紧要的，而对那些在他 13 年的学校生活中给予他帮助的人们，菲利普一直处于生存模式中。我们唯一的目标就是“只要结束了学校里的事就行，我们可以继续生活”。

我的转折点出现在我意识到我必须停止既当菲利普的老师又当他的妈妈的时刻。我应该只做他的妈妈，因为我们的关系变得非常紧张。直到他进入大学，一些简单的像是向另一个学生要他上课记的笔记这样的事，对他的世界产生了完全不同的影响。他可以专心听教授说的话，然后在必要的时候看看笔记。那个学期成为菲利普人生的转折点。感觉到了自信和可以不借助任何帮助向前奋进的愿望，菲利普最终发现了一个可以为他人效力的系统。

如今，在大学毕业之后，菲利普不仅仅是一个生存下来的人，而且还是一个有用的市民，更是一个电气技师。当我们问及K老师时，他笑了，说："她很有耐心，同时也有点急躁，但是是一种好的急躁。"对我而言，我不仅仅是一个生存者的妈妈，也是一个有着美好品德的人的骄傲的妈妈。

每个教室里都有像菲利普这样有特殊需求的人，允许并鼓励学生对自己的学习负责，这会给他们一种平和的感觉，同时能让所有人在内心建立起自信。

第二节　那是个事故，我们是在玩

盖瑞，另一个三年级的学生，他大部分时间都在上特殊教育课和职业治疗课。最初进入我们班级的时候，他只能说一些短语，我只能理解他一半的意思。有两周，他在课上什么也不做，甚至连笔也不拿。我知道不能让这种情况继续下去，于是一天我把他叫到教室外，说："盖瑞，你在班上什么功课也不做。"在我继续说之前，他打断了我："这是我的课。我以前在二年级待过。这是我的课。"

“是的，”我说，“这是你的课。”他在提醒我，我不应该威胁他。他的话让我没能把下面的话说出来：“如果你在这儿不做作业的话，也许你也不属于三年级。”他明显要比我聪明。

他第一次对事物表现出兴趣是在问我“为什么每个人都那样写但是我没有”的时候，他指着粉笔盒，那儿在介绍草写体。“盖瑞，”我解释道，“那是因为我觉得，在你的手足够强壮以前，你还没有准备好学草写体。”

“不，”他反驳道，“我可以。教我，K 老师，教我。”“好的。”我答应了他，并向他介绍了草写体。在几次尝试之后，他说：“你是对的。我还没有准备好。”然后，他回去给他的私人“秘书”口述他要写的东西。明显，盖瑞在被允许可以学习草写体后内心是平和的，尽管他失败了，但他知道他对自己所受的教育有很多发言权 。

盖瑞宣布：“我也想写一本书。”我教他写他的第一本书。他的妈妈收集了他爷爷拍摄的很多鸟的照片，他的爷爷到中国访问过。盖瑞为每一张照片写了一个故事，是由他口述，他的“老师秘书”抄录的。后来，他参加了我们的作家茶会。他在关于作者的那一页上是这样写的：

这是该作者写的第一本书。作者从他的老师和同学那儿学到了很多东西。作者很喜欢写作。

盖瑞的第二本书，就像它的标题那样，是诺曼·洛克威尔的画作集。一天，我在看《破裂的关系》，一个由杰森·罗巴德主演的关于诺曼·洛克威尔的电视节目。第二周我在洗澡的时候，想到了怎么帮助盖瑞写作。我拿出我的洛克威尔画的书，上面没有文字，我让盖瑞选择他喜欢的。他逐字慢慢地念标题："诺——曼——洛——克——威——尔。谁是诺曼·洛克威尔？"我告诉他洛克威尔是谁，然后把他送回自己的位子，用胶水把他选的东西做好标记。他回去笑着说："看诺曼·洛克威尔在画他的画！"

放学后，我看到一整本黄色的标签，想着："哦，不，他每一页都选了。"但是我错了。我很好奇他是怎么选出那些的。第二天，我和盖瑞坐在一起，说："选一幅你的画，给它写一个故事。"他一脸苦相地跳过一幅特别的画，于是我问："你为什么不选这个呢？"

他说："我不喜欢老人。这张上有老人。"

我打趣道："哦，盖瑞，那么我呢？我不老吗？""是的，"他说，"是的，你不老。"

他的第一次选择是那幅《感恩节》。他写道："儿子从空军部队回到家里。"他每个字都拼写正确，但是"部队"这个词想要我帮助。我问："你怎么知道他在空军部队的呢？"他指着制服上的 AF 徽章说："我知道那代表着空军部队。"这是阅读理解的最好证明，也是老师应该知道的东西。

在为另外 3 幅画写了故事后，他把每幅画翻过来，画的背面印着画的标题，来检查每幅画名字的拼写。这是一个很好的例子，在某种意义上，他在教自己编辑技巧。他在作者页上写的是：

这是该作者的第二本书。作者喜欢写作。

一天，我问他：“你觉得学校怎么样？我每天总是催促你，‘盖瑞，你必须做数学了’‘盖瑞做写作’。你有时候会生我的气吗？”他震惊地看着我，大声说：“生你的气？当然不会！”他在上课写作业的时候，总是在哼歌。有时候声音太响了，影响到别人，我只能让他写作业时不要出声。多么尴尬啊，因为我知道他是多么的快乐。这一行为比起他9月不停地牢骚有多么大的变化啊！

盖瑞总是在我边上问：“为什么？为什么？为什么？”我给了他很多的注意，却并不担心这会影响到班上其他人。当他的一群同伴在我面前偷笑着说“你和盖瑞就像夏洛特和韦尔伯”（他们指的是那本书《夏洛特的网》）时，我感到心被拽了一下。我再一次从我的学生身上得到了同情和理解，他们并不憎恨盖瑞占用了我很多的时间，而是开心地关注着。盖瑞也回馈了他的同学们给他的同情和理解。一天，他的妈妈投诉，盖瑞的一个同学把他推到水坑里去了。盖瑞迅速地反驳他的妈妈：“那是个事故，我们是在玩。”

他也学会在同伴之间表现出会被大家接受的方式。比如说，九月，他会把手放在屁股那儿说：“咚咚咚，洗手间在哪儿？”但是，他超强的学习力超过他的交流水平。9月，他花了45分钟来写他的名字，期间没有和任何人用眼神交流过，他用笔记本建立起了一个个房子而不是用它们来写字。到了6月，他成了班级里被接受的一员，以极大的自尊和自信表现出他自己的能力水平。

盖瑞一直会问的问题是关于我妈妈的。那时，我妈妈住在大岛。那年圣诞，盖瑞计划去他住在大岛的爷爷家玩，于是我安排带他出去吃午餐，并且去看我妈妈。他走进房子之后，快速地穿过每间屋子，问了很多问题。他回答了我妈妈问的问题，后来走到后院去摘橘子。然后，他想去看看我哥哥住在哪儿，于是我开车把他带到我哥哥家去。在那年剩余的日子里，盖瑞会在我耳边悄悄地说："那真好，是吧？去麦当劳，就我们两个，在希洛一起吃午餐，我说出班上所有同学的名字。"盖瑞是我所有学生中会用胳膊肘撞我肋骨的人，说："教我，K 老师，教我。"

第三节　跟斯宾塞签阅读合同

我们应当谨慎地做决定，因为它有可能影响到一个人生活的许多方面。比方斯宾塞，尽管他会读书，却不读书。他就像躲避瘟疫一样躲避书本。我用手里的"碎冰锥"开始逐步瓦解他的问题，来到他读书问题的根源。不知道源头的话，我又怎么能帮助他呢？在排队等午餐时，在去图书馆时，在我轮值课间休息的日子里，我给斯宾塞讲了很多故事。从多次会面中，我发现他的父母每隔两周会带他去图书馆，而他十分想去运动。

我给他的父母打电话，想要和他们会面，以便知道更多的信息。

我发现他的父母非常用心，想要给他们唯一的孩子最好的条件。我发现他们在扮演父母的角色时有一些局促不安。我和他们讨论了我十分关心的斯宾塞讨厌书本的事。在挖掘到更多的信息后，我知道了斯宾塞的家庭环境让他几乎没有机会自己做决定。

比如，当他去图书馆的时候，他的妈妈替他挑好了所有的书。他的妈妈在早上帮他选好了衣服，出去吃饭的时候，帮他选择食物来保证有良好的营养。我得出这样的结论：斯宾塞在阅读上的问题并不是和阅读本身有关，他需要的是尊重、信赖，以及允许他自己做出更多的决定。

和他的父母一起，我们制订了我们的第一个行动方案。首先，斯宾塞会被允许在图书馆里挑选自己想看的书。他的父母表达了自己的担忧，问道："万一他只挑一些简单的书呢？"我让他们放心，这是可以接受的，因为我们想要斯宾塞自己做决定。他可以测试他的新自由，如果他想要简单的书，他就可以选择简单的书，当然这也是可以接受的。另外，斯宾塞也可以自己选择想穿什么样的衣服。

斯宾塞的父母又表达了担忧："万一他选的衣服不搭配呢？"我让他们放心，如果他选了圆点衬衫和彩格裤子，这不会有损他们教育孩子的技巧。现在重要的是，他们需要信任斯宾塞。我分享了从一个 5 岁孩子的母亲那儿收到的信："请不要以为我是一个不称职的母亲，但是我的女儿如果不穿着她夏天的背心裙，就不肯离开家。"我告诉他们这事发生在一个下着雨的寒冷的 12 月早晨。我想让他们明白，重点是孩子自己做决定的过程，而不是她选择了某条裙子。

斯宾塞的父母和我每个月都会见一次。令人高兴的是，斯宾塞渐渐地可以自己做更多的决定了，而他的父母对于自己的角色也感到越来越舒服了。但是斯宾塞对体育的热爱没有得到支持，因为他的父母觉得，他需要读和体育无关的书，体育不是非常学术的。我建议他们，斯宾塞可以阅读《图解体育》，以及每天早晨报纸上的体育版面来作为他的阅读材料的一部分，他的父母同意了。

到了6月，斯宾塞不仅仅能享受读书，他也成了家庭中活跃的一员。学期的最后一天，斯宾塞到我这儿说："我不想让学期结束，我开始爱上书了，万一在暑假里我又讨厌书了怎么办?"我问他想不想和我签个暑期读书合同，他高兴地同意了。我们签了个合同，规定他可以在暑假里自己选12本书来读，每一本书他都要写一篇读后感。如果他完成了他的合同，我会带他出去吃午餐；如果没有完成，他就要带我去吃午餐。

暑假的最后一天，我高兴地带着斯宾塞出去吃午餐。他给了我一个漂亮的花环。他对体育的喜爱很明显，因为每本书的标题都和体育有关。第二年，也就是他上四年级后回到我这儿，想要和我签暑期读书合同。这次他的合同是这样的："每看3本体育的书，就要读一本其他主题的书"。他同意了，签了合同，并且履行了。

五年级后，他的合同包含一些我推荐的书目。斯宾塞中学期间，每年都会回来，我仍旧带他出去吃午餐。他高中毕业的时候，我们去吃午餐来庆祝。他给了我一张便条，上面写着："因为你，今天我成为一个爱读书的人。我怎么感谢你都不够。"今年他大学毕业了，我是时候把碎冰锥扔掉了。

斯宾塞和他的父母给我上了宝贵的一课。阅读或是其他问题的源头，都可以在其他地方找到，不是光期待就可以解决的，有时候还需要做一些侦探的工作来发现源头。

当学生们知道是我来决定他们的学习时，他们开始变得有疑心，就像盖瑞，开始用胳膊肘撞我这种不是很疼的方式表达他的意见。

第四节　温迪与圣诞老人

一个 2 月的早晨，我在讨论押头韵。温迪看着我说："我 10 月份写的第一本书，《回旋的风》，温迪 · 威尔著，标题上就有押头韵。你不知道吗？"听到我说"我知道"的时候，她说："那你那个时候为什么不教我押头韵呢？"我如实地告诉她："温迪，我觉得你在 10 月的时候才适合学押头韵。"

后来，温迪到我那儿，悄悄地问我："K 老师，你可以教我你所知道的所有东西吗？""我可能不能这么做，因为有时候一个人必须在她成熟过程中的不同阶段理解某些东西。但是，"我继续说，"我会尽力回答你所有的问题。"几年后，在她的婚礼送礼聚会上，我写了一首诗，并念了这首诗，向她坦言，事实上，那是我在她三年级的时候知道的所有东西了，而且我也把所有我知道的教给了她。

温迪是个十分苛刻的学生，有一天，她在课间的时候来找我，想测试我，她的身后跟了几个学生。她问得相当大胆："K老师，有没有圣诞老人？"我从她的脸上看出她希望听到我回答"有"。"是的，对我来说是有圣诞老人的，因为我相信他。你相信圣诞老人吗？如果你相信的话，那么对你而言就有圣诞老人。"温迪转过身对跟在他身后的那几个学生说："看吧，我告诉了你们什么？"然后她走了。

第五节　安娜为自己的学习做决定

在一个圣诞节，我的心碎了。我以前在密歇根州杰克逊县教书时，一个一年级学生的妈妈，在圣诞信中希望我可以写信给她的女儿。我以前的学生在车祸中失去了她的儿子，又失去了她对另外两个孩子的监护权。她的妈妈解释道："我们都很穷，没办法给罗娜请好的律师。我知道，如果她收到你的信的话，一定对她有帮助。"我希望那时我有一支魔杖来帮助罗娜，就像我好几年前在她一年级的时候帮助她那样。我谦虚地想，我还是被要求："教我、帮帮我、帮我做些决定"，这件事告诉我教师肩负的责任有多大。

三年级的时候，因为我在赞美诗阅读课上念了《女巫的诞生》，安娜让我教她莎士比亚。"教我《麦克白》。"她要求道。我让她和我一起在教室里吃午餐，吃饭的时候，我告诉她《麦克白》的主题。

小道消息一下子就传了出去，那年我开始越来越多地在教室里和那些想要知道莎士比亚的学生单独吃午餐。我在介绍《女巫的诞生》时说：“因为你如此聪明，我将要给你们介绍莎士比亚，他的著作一般在高中才教。”我一定过于自我吹嘘了。

我努力宣传莎士比亚的效果的高潮在一个下午出现了。一位家长和我分享了下面的东西：她的儿子一天晚上在饭桌上问：“有人想要听莎士比亚吗？”接着他认真地背起了《女巫的诞生》。

当学生们发现他们充分地使用他们的智慧时，他们可以为自己的学习做出决定，教室也变成了一个平和、舒适、自然的地方。当他们发现老师同时也在对他们的学习做出事先通知过的决定时，所有人便都能拥有一种积极学习的状态。

第六节　珍妮弗的特权

珍妮弗是个优秀的学生，因为她可以一个人阅读、分析和做数学作业，所以她的数学小组里只有她一个人。我每天检查她的作业，每周和她开一次会。其他学生到我这儿来问：“我可以像珍妮弗那样做数学吗？”

“当然！”我回答，“有些事需要你们做。你们需要通过看书自己找出问题，还要做每章结尾的那些附加功课。如果你们有两个或两个以上的错误，并且自己没有办法改正的话，你们就必须回到我们两个数学小组里的一组里去。”

这些学生在被给予和珍妮弗相同的权利时，会高兴地自己做功课。他们在遇到困难的时候会说：“我觉得我需要帮助。我可以和你在一个数学小组里写作业吗?”

因此，珍妮弗可以继续她的功课，而不会被她的同辈憎恨。他们会尊重她的能力，因为他们也被赋予过相同的权利。

第七节　莱恩不看课外书了

莱恩十分热爱读书，我总是发现他在上社会研究或者科学课的时候把书藏在桌子下面，试图读他自己的书。我想出了下面的方法：“莱恩，你不用把书藏着不让我看见。我们来做个约定好吗？如果你可以同时看书和听讲，那么就没问题。如果你无法同时进行这两件事，那么你就必须把书拿走。”听到我的话后，他很高兴地给出了肯定的回答。此后，他开始公开读他的书，渐渐地，他把课外书收起来了。对我来说，这证明了教室之中没有敌人——老师不是学生的敌人——教学和学习的环境是建立在互相尊重和信赖之上的，并且学生不是处于成人的完全控制之下的。

第八节 大树下的小诗人

菲利普·M来自希洛镇，是一年级的学生，他充分利用了这种信任。我已经让学生们了解俳句，“在一天的任何时候，如果你有写俳句的灵感，就去写吧，无论是在教室里还是在大树下。只要你在出去的时候告诉我就可以了”。大家经常看到菲利普在数学课的时候在大树下写他的诗。老师们常常到我这里告诉我，我的一个学生在外面，问我知不知道这件事。“是的，”我回答，“我知道。”

第九节 给孩子选择的自由

另外两个年轻人，赛和米基证实了我的信念，那就是无论什么年龄，孩子们只要被给予机会，没有成人的干预，也可以做出恰当的决定，并解决问题。我邀请我3岁的侄孙赛、他的母亲吉尔和7岁的杰西到希洛夏威夷酒店吃早餐。当菜单送来时，我说：“随便点你们想吃的。这顿我请客。”

服务员来帮我们点单的时候，赛指着一个香蕉船的图片。服务员看着我问：“他要什么?”我转向赛，问道：“你告诉他你要点什么了吗?”他指着香蕉船说：“香蕉船?”服务员大概想她应该问问桌上其他成人，因为最年长的看上去并不是很负责任，她问了吉尔。

吉尔说："赛，你点了吗？"

服务员把我们点的东西拿来了，她把香蕉船放在赛的面前，在那儿站了一会儿说："我想这样是对的。冰淇淋里有牛奶，香蕉里有水果。"然后她走开了。

几周之后，赛和他的家人被另一个阿姨和两个更小的表兄妹请去吃早餐。赛看了菜单，对他的妈妈咬耳朵："我最好不要点香蕉船，因为约苏和扎卡伊要是看到我的香蕉船，就不会吃他们的早饭了。"然后他点了华夫饼。

我们有多频繁地给我们的孩子一些已经是潜在做好决定的选择？如果吉尔和我否定了赛在那天早上点香蕉船的选择，我们就会传达给他"赛，你不能自己做出正确的选择。我们知道对你来说什么是最好的。你不能被信赖"这样的信息。那么在我们夺走他的自信，使他习惯于从别人那里得到许可之后，我们会对赛缺乏自信，当他遇到要冒险和要做出恰当的选择和决定的时候无法胜任而感到奇怪吗？

赛不仅仅学会了在没有成人干预的情况下选择自己的早餐，还能够在几周后分析并在两个小表兄妹在场的情况下自己做出点华夫饼的恰当决定。他是因为知道有选择的自由，所以才有可能在那个早晨做出不点香蕉船的决定的吗？

第十节　可以让我来吗

我的另一个特殊的朋友是6岁的米基·李，一天我俩在一家鞋店里试穿了一双新鞋。我把自己的靴子穿了起来，正要系鞋带的时候，米基快速地问："可以让我来吗?"我一开始想告诉她怎么系我的靴子——怎么把鞋带交叉起来，这样就可以把它们系好了。庆幸的是我没有这样，我只说："好啊。等你系完之后，要像这样把鞋带交叉起来。"我给她看了我想要的结果。她开始系左脚的。她花了5~8分钟系左脚的鞋带，期间我坐在那儿，人们在看着。然后，她帮我系右脚的鞋带。两只靴子都系得很好，整个过程花了10多分钟。

我回到家之后，慢慢把我的鞋带解开，脸上浮现出一个大大的微笑，心里也是。左脚的鞋带系得相当复杂，鞋带在结下面扭曲着，往各个方向绞在一起。右脚系得就像我自己系的一样。我只有一个想法：谢天谢地，我没有因为告诉米基怎么系而侮辱她。她自己通过探索，学会了如何系靴子的鞋带。我通过保持沉默，给了她探索的许可；我没有贬低那种"我可以做到的"的感觉。

与赛和米基的经历让我反思孩子们是如何学习寻找自信，做出好的选择，喜爱实验探索的。在教室里进行的关于"学习做出正确的决定"或者"学习如何实验"的课程，能培养出恰当选择或者渴望探索和实验的能力吗？这些活动和策略的讲座、电影和课程，可以帮助青少年发展自信，以及在面对毒品、酒精和性的时候做出恰当选择的能力吗？态度、动机和自信这些东西，是人们对孩子在每天的尝试，在餐厅选择他们的食物的平常情景，或者在某一时刻想要做某事的冲动做出回应得到的结果吗？

孩子们是有多少次自己学习关于自己的东西，从我们对他们自主性的回应中学习关于世界的东西的？我们知道当我们在一些似乎不重要的日常生活场景中回应孩子的时候，我们在教他们要么自信，要么从别人那里得到指导，要么冒险，要么被动害怕失败吗？菲利普、盖瑞、斯宾塞和他们的同辈人，能够探索他们的能力，因为他们处在一个充满“是的，你可以”的环境中，教学和学习策略也和他们的能力以及学习方式相适应。

是的，我会

当他把我的手放在他的手里时，
他小小的手指在我的手中蜷曲着，
我感到了一种极大的责任感，
为了让这个世界
没有恐惧和邪恶。
当我在我的手里感觉到他的手时，

春天到秋天的对比，
我觉得被迫度过
我生命中的每一分钟
用爱和人性的善良
所以这个属于他的世界
将会成为他最深的秘密
也是个安全的地方，
一个他的所有梦想和希望
成为可能的地方，
而这个世界会变成
最伟大的，最值得信赖的朋友，
任何人都可以拥有。
哦，我要活着，这样就可以
让他的人生变得不一样，
因为他的手在我的手中。

弗朗西斯·K

第八章　老师，老师，你在变黑！

第一节　黑皮肤：需要拥抱的孩子

“我们必须要教导年轻人，种族不同是存在的，但是那在皮肤之下，在不同的特点以外，在人类的真心之中，比起我们的不同，我的朋友啊，我们最终还是相同的。”

——玛娅·安杰洛

《此刻不再小视我的行程》

“老师，老师，你在变黑！哦，我的天哪，你在变黑！”7岁的凯莎一天在我作为资源写作老师走进她的教室和我打招呼的时候，脸上写满了恐慌。我困惑地问她：“黑？哪儿?”她指着我的腿说：“那儿！我的天哪，你在变黑！”

“凯莎，”我解释道，“我穿着黑色的丝袜。”她还是很害怕，她摸了摸我的腿，问道："你为什么想变黑呢?"我做了一个模特的姿势，说："因为黑色丝袜让我觉得漂亮时髦。"然后我提起裙子，慢慢地做了个单脚转体。她慢慢地走着，边走边嘟哝："为什么会有人想变黑呢?"我沉默地思考："哦，凯莎，变黑有那么令你困扰吗?"结论是肯定的。

在我六年级的班里，有些孩子的父母来自军队，我们在讨论种族歧视时，不同种族背景的学生分享了他们的经历。除了非裔美国学生，所有人都一样。他们安静地坐着，摇着头说："你不会想知道的。"我察觉到他们仍在遭受着伤害和被当成劣等人的侮辱。

有时，肤色和种族不那么明显是有好处的。昨天晚上我看了美国小姐竞赛。我发现获胜者的姓和我的一个学生的一样，所以当幽兰达第二天走进班级的时候，我和她这样打招呼："嘿，幽兰达！你看了昨晚的美国小姐竞赛吗？你和她有什么关系吗?"幽兰达摇了摇她的头，脸上露出滑稽的神情说："K 老师!"

"不,"我继续说，"我是认真的。你们的姓是一样的。"她笑了，摇了摇头，重复道："K 老师!"就好像我是个彻头彻尾的白痴。然后我意识到新的美国小姐是白人，而幽兰达是非裔美国人。我真的感觉自己是个白痴，但是个快乐的白痴。我整天都很喜欢自己，因为我是色盲，而幽兰达也发现了我这一点。

一天早晨，教导员给我们六年级班级带来了一个新学生。一对非裔美国夫妇站在那儿，他们的儿子吓得哭了。我用胳膊搂着他，说："我知道第一天是很艰难的，但是我会帮助你，所以你为什么不进来呢?"他的爸爸看了看身边的妻子，然后看着我说："儿子，你会好的。你有一个好老师。"我用手搂着我们的新学生约翰走进了教室。

后来，约翰和我讨论他在学校的第一天，他说我是第一个用他可以接受的方式接触他的老师。在几秒钟内，我用一个简单的姿势让约翰和他的父母知道了我的为人和职业信仰以及我的做法，这是多么让人高兴啊！我想知道今天的教师是如何和学生交流的，因为他们对于肢体接触小心翼翼，以免会被以性暗示而遭到起诉。那年我的男同事偶然告诉我："女性是多么幸运啊。因为我是男的，我不能对我的学生表达我的感情。有时我想用胳膊搂着他们来安慰他们，但是我害怕。"在教书的这么多年中，我站在教室门口，在孩子们回家的时候和每一个孩子拥抱成了我的惯例。这使得一天有了一个平和的结束，无论这一天对我们而言到底是怎样的。一些六年级的学生比我还高，我会用握手来取代，但这比较少见，因为他们还是需要拥抱的孩子。

第二节　受歧视的《惨绿少年》

在一所学校，我的学生中因为父母中的一人或者两人都在军队而有军队背景，所以他们去过很多地方旅游。我把他们的经历放在了我们的课程里。我没有用社会研究课的课文，而是把作业放在了国际主题上。学生要对自己选择的国家进行研究，并准备一个课题。高潮是国际午餐会。那天，学生们会把代表他们研究的国家的菜带来。家长们也受邀前来，我们唱了国际歌曲，交流我们的课题，午餐享用了不同文化的佳肴。这个课题的目的是让学生们通过探索自己的实际生活经历来培养他们的研究技巧，同时了解文化和人类。

有一年，我没有给杰克选择哪个国家做研究的建议。在他的日志中，我发现了他对日本人的仇恨。随着 12 月 7 日的临近，他对那些“日本佬”的指责出现得越来越多。无论我读多少次，总是被“我讨厌那些日本佬”这样的表达震惊。在日本炸毁珍珠港的时候，他的爷爷在珍珠港上。他的爸爸和他的爷爷对那次事件的感情是一样的。

那时正是我们进行社会研究课题的时候，我告诉杰克：“杰克，我想让你对日本做研究。”他说：“但是我不喜欢那些人。我恨他们。”我说：“我知道，杰克。不过，你应该听说过一句话——有时，你知道你的敌人的感情和思想可以削弱他们。”

他接受了。在这件事上，我知道因为我使用了“敌人”这个词，以及我承认他对“日本佬”的感情，才促使他说同意的。在他做研究的时候，他的日志显示出他态度上的转变，“我不再恨日本人了”等表达让我高兴得想要翻跟斗。有一次他说：“K 老师，我希望能认识一个日本人，可以采访他。”我看着他说：“采访我。”他说：

“你?”在我们的采访中，他发现我的父母在广岛遭受原子弹的第一次爆炸后，再也没法和他们在广岛的家人取得联系。最后，他的结论是：“我不再恨日本人了。我发现我们十分相似。”在午餐会时，他妈妈做了一道日本菜来帮助他的研究。杰克不会知道每次我在他的日志中读到“日本佬”时，我的皮肤是如何起满鸡皮疙瘩的。他也不会知道，作为一个孩子，在战争期间，我走去学校的时候，头是低着的，因为我遭受的“嗨，日本佬”的称呼，就因为 1941 年 12 月 7 日，我的脸上戴上了敌人的面具。

我不禁对自己的直觉行为感到高兴，因为考虑到我的计划的背景。如果我没有对杰克进行干预，他就不会选择日本。如果我就这样放任杰克对“日本佬”的仇恨情绪不管，我们两个都会被剥夺一次丰富的经历。当我进行干预试图让他研究日本的时候，我没有对他应该怎么改变自己的态度进行说教。相反，我用了“敌人”这个词，这正是他如何看待日本人的。通过他自己的研究，他自然地从内心改变了旧的态度、感情和想法。通过这个过程，他不再处于那个他被评论的位置了。

我觉得，底线是他进行研究的主题方向——人力资源的运用。如果他只运用书本上的知识，我不确定他会不会把“日本佬”当作日本人，可以想象一下他发现他六年级的老师是那些“日本佬”中的一员会有怎样的反应。

教室被四面墙在物理上封闭起来，还是延伸到每个学生的家庭和社区，往往是由孩子引导的。我在密歇根州杰克逊县的一年级班里，我的学生都是白种人。我在他们的日常会话中开始听到种族指代，显示了他们的无知。你怎么攻破这些6岁孩子对种族歧视的无知？我给他们说了《惨绿少年》（1948年出品的电影）的故事。一整天，那些有着金色头发的孩子受到的待遇和那些头发不是金色的孩子不同，而这只是因为发色不同而已。他们只能在队伍的末尾，要做教室里的所有工作。在一天结束之前，我可以感受到这些孩子骨子里的愤怒。这些孩子想让其他人也体会一下被歧视的感觉，所以我们这样做了。我们用我们自己的歧视历史进一步探索了种族歧视，以及这是多么不科学。

几周以后，一个学生的妈妈放学后来拜访我。她警告我，她的妈妈计划来见见我。她这么做的时候，我并没有把她的话当真。最终，我的学生玛丽的外婆用了“黑鬼”来指代某些人，玛丽让她的奶奶坐下，并和她讲了《惨绿少年》的故事。她的奶奶对玛丽在我的班上学到的东西很失望。玛丽的妈妈说，她和她丈夫从玛丽那里学到了一些重要的东西，因为他们以前太不细心了。

这些孩子更新了我为何会在这儿的信仰，教育将会并且可以改变教室内和教室以外的态度和行为。正是这一源远流长的过程，再一次让课堂内容决定了我们规划的最好的计划的方向。我们文本的课程只有在学生们做出最后的决定，并且学生们成为使它真实、有意义、有生命的决定因素的时候，才是有生命的。最重要的是，允许我们用自尊和爱尊重每一个学生，允许每个人通过我们自己的模型学习。

第三节　我可以弹你的尤克里里吗

成年人想要在生活中实现种族和谐面临重重困难。也许我们应该让我们的孩子来帮我们，就像我对 5 岁的艾伦做的。

下面是我写给他的公开信：

亲爱的艾伦：

我们见面的时候你还是在幼儿园。在炎热的一天，我走出了飞机。在我焦急地寻找航站楼的时候，我看到了你，一个严肃的小男孩，手上拿着一大束剑兰。我从你妈妈送我的照片上认出了你。你很快走到我面前，用一种非常小大人的方式说："啊哈，弗朗西斯。"我向你表示了感谢，还记得我的手在你的肩上放了一小会儿，然后我向你妈妈站的地方走去。

你妈妈和我也是第一次见面，但我们并不陌生。我们从七年级的时候开始就是笔友了。你的妈妈和我基本上一起长大，尽管相隔两地。

大概 10 小时前我离开夏威夷，现在我在密歇根。当你把新摘的剑兰放到我手上的时候，美好的一年开始了。我和你以及你的家人一起度过了整整一个学年，那时我在附近的学校教一年级，我们一年都在分享和学习。

记得你是怎么走到我的房间说："我可以弹你的尤克里里吗?"还有你是怎么演奏《小星星》这首歌的吗?记得那天下雪，我是怎么穿着睡袍冲出去的吗?因为那是我第一次看到雪，你站在那儿看着我，就好像我是你见过的最傻的大人。

我还能看见你严肃的棕色眼睛，和你在问我一大堆关于夏威夷的问题时额头上的小小皱纹。我必须要小心，因为我觉得你会记住我讲的所有关于夏威夷的故事。你是一个好朋友。我记得你在饭桌上吞下烤鱿鱼的时候，眼里满是泪水。你永远不会对我做的奇怪的菜说"不"。是的，你像是在游戏一般尝了所有的菜。你是第一个用筷子却没有把一半的饭菜掉到桌子底下的人。

你一定记得我帮你洗过那么多次澡，我给你涂肥皂时我们会唱的歌。5月，在我离开的前一个月，你告诉我一些非常特别的事。你在浴缸里，身上满是肥皂泡，非常小声地对我说："弗朗西斯，你看上去不再不一样了。"

我轻声地问你："我看上去是怎么样的?"你煞有其事地说："你就是弗朗西斯。"所以你和剩下的我们一起成长，学习。你妈妈在我写"我是日本人。我不能在你隔壁给你制造麻烦吗"时嘲笑了我。

我常常想起那个夜晚，艾伦，我也时常在想，我们可以通过对彼此更好的理解和认识来消除所有的偏见和表现出来的恐惧、仇恨吗？我们需要保留对陌生人的第一印象，他们的风俗和容貌，直到他们不再是陌生人吗？我们应该克制自己对别人说“你和我们不一样”，直到某天我们可以说“你和我们大家是一样”的吗？

爱你的，弗朗西斯

另外，我才知道为什么那年你们全家和我都没有去你奶奶家做客，是因为你的奶奶因为我的种族背景不欢迎我，而你们家也拒绝接受我，没有邀请我。

1999 年以来，艾伦到夏威夷出差的时候和我一起吃了很多顿饭。

第九章　最亲爱的日志

第一节　老师是第一个懂学生的人

我们中的一个陌生人

三个年轻的小伙子在商场里走着，

走过了我的书，唱着瓦尔登书。

一个人走开了，

他把头转向

在我附近的一个三脚架上

陈列的书。

“这是本什么样的书？

是你写的吗?”

“是的,”我对着那个小伙子说,
他的一只耳朵上戴着大大的耳环
鼻子上有银色的饰钉
“这是一本关于给予关爱的诗集。”

“我也写诗。我给他们谱上曲,
你想听听我的一首诗吗?”

他用完美的节奏说唱他的诗,
音乐的韵脚,深刻地搜寻
生命的意义。
我打开我的书给他看
我的简单的诗篇,《一个诗人的宣言》。
他念着,看着我,说:
“你是第一个懂我的人。”

我们说着
成为一个诗人是怎样的……

孤独，痛苦，快乐。

“没有人像你那样懂我。”
他递给我马赛克月亮
我在上面写致杰森。

“见鬼，”我想着，他走了之后*
加入了他的两个同伴
他手上拿着我的书……
一个陌生人的诗怎么能
让他觉得，还是
有人懂他、理解他的呢？
他怎么能现在就离开
他离开学校之后十三年，
一个孤独的陌生人……

弗朗西斯·K

如果没有日志写作，我的课堂会是一个非常孤独的地方。写日志成为一个培养我和每一个学生个人关系的方式。没有这亲密的关

* 《马赛克月亮：用诗给予关爱》

系，我的学生和我将会只是陌生人——你能想象在一群陌生人中间度过9个月吗？至少你会有鸡尾酒聚会，而不是在你没用的手中的一支粉笔。

我和我的学生有两种具体类型的联系，都是从开学第一天开始的。一种是群体关系，我把学生们看作是一个整体。只是建立在由班级制定的规则之上的，是关于年级层面的期待和互相的群体尊重、信赖和尊严。

但是，另一种关系才是每天早晨醒来最高兴的一件事情，因为在一个有30人的班级中会有30种个人关系在非常亲密和专业的层面上形成和发展。我们如何开始？在学校开放日的第一篇日志，会介绍某些规则：

1. 这个日志是你和我之间的。没有你的允许，包括你的父母和老师，没有人可以读你的日志。

2. 如果你想让你日志上的东西是私密的，连我也不能看，把你的纸折起来，上面写上“私密”，那么我会尊重你的意愿。

不可避免的，无论是在什么年纪，一些学生会在日志上写“私密”来测试隐私特权，但是在他们知道隐藏日志是不会得到任何回应的时候，最终他们会对我敞开他们的日志。这条隐私条款在家长会的时候对学生而言意味着很多，当家长被拒绝看孩子的日志，他们会亲切地、尊重地向孩子请求读日志的许可，然后遵守孩子的回答。我常常想这些家长能不能读懂这些孩子的脸上明显的表达：哇哦！大人们在尊重我的隐私。

我所寻求的这种关系不是一夜之间就得来的，而是和很多真诚的关系一起，随着时间演化的，是建立在互相尊重和信赖的基础之上的。学生的日志会在早间休息的时候被阅读，除了我在课间休息值班的那些日子：那些时候，我会在午餐的时间读他们的日志。学生们知道我这个习惯，所以期待着早间休息结束的时候，能读到我对他们日志的回应。许多人会直接走到日志架前；许多人在读了我写的东西之后，会悄悄地看我一眼并笑一下，其他人脸上带着早就知道的表情，或者狡黠地笑，但不会和我眼神交流。周一早上的第一个询问便是："你这周值班吗？"

许多日志是以日常活动的记录开始的，随着时间的流逝，我会看到学生放学后到上床睡觉前做了什么。很快我会收到："为什么你在安的日志上写那么多，但是我的那么少？"我会诚实地回答："哦，安写的东西是我可以回应的。试试看……当你写你每天放学后做的事情时，我觉得我真的没有什么好说。写一些你真实感觉到的、思考的对你而言重要的东西。"这方法有助于让学生们挖掘他们生活中更深层次的东西，而不是重复例行公事地报告每天发生的事。

第二节　相互羡慕的粉丝俱乐部

这是我和一个六年级学生的交流：

2月16日

亲爱的日志：

你是怎么思考你对我的日志的所有回答的？你是从书上看来的，还是在你感受自己的感觉时想到的？你有富于创造力的思维。你可以想到任何事。我希望能像你一样优秀。

丽娜

我的回应：

因为我差不多和你一样聪明。谢谢你的赞美。我只是从我左边的口袋把它们拿出来。

2月17日

亲爱的日志：

不可能！我不可能长时间和你一样那么聪明。同时，我还在学习，你已经离开学校成为一名老师。我永远也不可能像你一样管理一个班级。我永远也不可能像你一样把诗写得那么好。我就是不像你那么敏感。另外，我甚至不会写诗。

丽娜

我的回应：

任何可以像你这样分析我的人都是聪明的。嗨，也许我们两个应该成立一个互相倾慕的粉丝俱乐部！

丹尼斯在她的话里没有那么恭维：

好。周二的时候我看到你的回应是“好”，让我觉得不好！每个人都喜欢读好的东西。看到“好、不错”让人很失望。我们想要看到这个以外的其他东西！你觉得你可以停止这些“好、很好和不错”吗？如果可以的话，我们都会很开心的。

谢谢你（如果你能做到的话）

丹尼斯

我的回应：

我对那些我有兴趣回应的东西写我的回应。有时，我觉得没有东西可以写。所以，亲爱的，为什么不写些有意义的、激动人心的、奇幻的日志呢？

当我了解了我的学生，我可以把我的回应和他们的幽默感、诗意灵魂，或者他们严肃的、有意义的自我相匹配，而且我有时甚至成功地把他们从没有幽默的、没有想象力的自我中，通过柔和的引导释放出来。而且用“我的朋友”或者“我亲爱的”作为称呼，常常让我处于温和但不消极的影响中。

莱恩，一个三年级的学生，有一种几乎和任何成人一样的幽默感，所以我试图让他写得更详细：

嗨，这是什么？读了一些无聊的东西吗？这会让每个读者都无聊死的。我想了解你！啊……啊……啊……晚安。

如果我祈盼学生能够诚实，那么我也应该做好接受和应对这种诚实的准备。一天，我在教训一个六年级的学生后收到了下面的文字：

我讨厌你，K老师。

在咽下我最初的震惊和不适之后，我这样回应：

我理解你为什么会有这样的感觉。我希望你可以回想一下我们讨论的问题的原因。我很高兴你对我如此坦诚，陶德。

几天之后，我在我的桌上发现了下面的字条，上面还有一颗红心：

亲爱的K老师：

我非常感谢你。你帮了我很多，也很关心我，而且我想说我非常爱你。

陶德

让学生写日志使得我可以进入某个学生的思想和感觉，也给了我了解和帮助他们，促使他们的问题尽快解决的机会。

第三节　麦乐蒂的害羞日志

下面是从麦乐蒂关于害羞的日志中选出来的摘要：

11 月 4 日

亲爱的日志：

在我身体里的真正的我，是一个非常好的女孩。她很害羞。她想要说话，但是害怕让任何东西出来。我告诉她要说出来，因为人们不喜欢什么事都不敢说的人。

我的回应：

我确信你和我们相处舒服的时候，你可以说出来的。只要去做！你等得越久，就变得越难。

11 月 16 日

亲爱的日志：

我希望我不再害羞。我在家说得很多，但是在学校几乎不说话。也许因为我不习惯别人，所以我不在学校说话。我要试试说更多，即使这会杀了我。我认为这不会杀了我，但是我还是写了，因为我听到很多人这么说。

我的回应：

我会帮你的。而且如果这杀了你，我会叫医生的。当然是开玩笑的。

11月21日

亲爱的日志：

昨天深夜我躺在床上思考，因为我睡不着。我在想，如果上帝没有造任何人或任何事那会是怎么样。那就什么都没有了。我希望我不是生来就害羞的，因为这很难。上帝应该让我更健谈一些。无论如何，我很高兴上帝创造了世界。

我的回应：

有一个更正，亲爱的。上帝没有把你变得害羞或是安静，这么做的人是你。所以，你可以纠正和改变你自己。

为了帮助麦乐蒂，我问她愿不愿意做一个实验，比如不带任何笔去学校，这样她就可以向她的同桌借笔了。我感到麦乐蒂需要我的干预，因为她在日志里不断地写她害羞的事。

11月22日

亲爱的日志：

我把笔放在家里了，就像我的老师教我的。但是我打算问他借笔的人早上不在，所以我不能写日志。我只能向其他人借，那不是让我觉得舒服的人。我几乎完成了我的实验。我问另一个人借了。

我的回应：

我为你感到非常骄傲！

11 月 23 日

亲爱的日志：

这是我实验的最后一天。我已经问某些人我可不可以借一支笔了。我现在开始习惯周围的人，但是我还是不习惯男生。可以和人说话感觉很好。我像你建议的那样，给我爸爸一个吻，对他说再见，从而解决了这个问题。

我的回应：

你感动了我的心。慢慢来，先和女生们说话，等到你觉得舒服的时候，试试和男生说话。你知道，男生和女生是很相似的。

1 月 14 日

亲爱的日志：

我没有东西可写了。好吧，我把作业忘在家里了。

我的回应：

你忘了？我想你变老了！

1 月 16 日

亲爱的日志：

我和爸爸谈了为什么我没有和他道别。他告诉了我他对我的老师说的话，我已经知道了，但是我没有告诉他。现在我不再害怕和他告别了。

我的回应：

真是太棒了。

3 月 22 日

亲爱的日志：

这几天我陷入了麻烦，关于说话的。我已经克服我的害羞，现在我开始说话了。我陷入了麻烦，我很痛苦。我不知道该怎么办。继续说话还是再次保持害羞？我知道我不会再变得害羞了，所以我最好继续说话。

我的回应：

亲爱的，说话有恰当的时机。比如，让我们看一个一生都想要一把猎枪的人。他最终有了自己的枪。他很开心，到处打猎动物、宠物和各种东西。他需要学会只用他的枪来打猎。懂了吗?

我梦想已久的可以为麦乐蒂做些事情的一天终于到来了。她最后关于害羞的日志是这样的：

4 月 18 日

亲爱的日志：

昨天因为说话第一次被叫到班级外面了。有人出来了，他们不相信我会被叫到教室外面。我不知道为什么他们不相信，我接受的对待应该和其他人一样。我不是特殊的。

我的回应：

现在你和其他人一样了……也许那也好，因为他们没有把你当成一个完美的人。你怎么看？你是特别的……如果你无法理解你是多么特殊的话，来找我吧。

第四节　一朵睡莲开在泥泞的水上

日志也可以是痛心的。丹尼斯的父母离婚了，她现在和她的爸爸以及继母一起生活。丹尼斯从开学的第一天就很信任我：

9 月 2 日

我的名字是桑德拉·丹尼斯贝利。我喜欢大家叫我丹尼斯。我的名字是用我妈妈的名字桑德拉和我爸爸的名字丹尼斯命名的。我父母离婚了。我的继母叫琳恩。我的亲生母亲离过两次婚，去年又结婚了。我有两个继兄，一个在堪萨斯，一个在这儿。在堪萨斯，我的妈妈有一只狗，我们这儿有一只鸟。你是第一个让我把这些讲出来的老师，因为我不喜欢写或者说这些事情。

丹尼斯

我的回应：

谢谢你和我分享这个，丹尼斯。你听上去是一个勇敢的女孩。我希望你把这些告诉我，这样你会舒服些。我知道说出我的感受有时是有帮助的。我很高兴你在这儿。

9 月 20 日

昨天我的妈妈和我谈了。现在如果你记得，我和我的继母住在一起。好吧，我们在一起。所以我们保证会花一个小时，一起做一些有意思的事……直到下周的周三。昨晚我们修了我们的浴室。我知道到下周就是最后一次了，但是我不想它结束。

我的回应：

告诉她你对只有一个星期的感受。她应该知道。

我和她的妈妈开了个会，帮助丹尼斯沟通她的需求。丹尼斯有的时候要求和我一起吃午饭，她会依靠我，把所有的失望说出来。

谢谢你让我昨天和你聊天。因为有时我想把内心的东西说出来，而你是一个可以倾诉的人。我就是不能和任何人说我的问题。顺便说一下，梅丽莎不知道那是我真正的问题，而且她也不知道如何应对。

丹尼斯

我的回应：

我知道你的感受。任何时候你都可以来找我，好吗？关于你的诗，丹尼斯，你的诗我觉得相比大多数学生的更深奥，成人可以理解你的诗。

那首丹尼斯觉得梅丽莎误解了的诗，是她在班上写的《一堵墙》。

一堵墙

我们三个人砌了一堵墙，

我们以为他会在那儿

永远。

然后我们中的一个在上面打了个洞
当他移动的时候。

现在剩下两个在飘浮
另一堵墙被砌了起来。
另一个朋友和我
在上链条。
接下来是锁。

她在跟日志交流时写了另一首诗：

我的诗

我的爸爸不能
理解我的诗
因为我用的那些字。
在一些朋友间的“锁和链条”
对他而言没有意义。
我希望
就一次，
我的爸爸可以理解我的诗。

一个小小的童话
让一个人发笑。
他头上的苍蝇
留下了一股
尘土。

我们的日志交流还在继续。

我的妈妈给了我一本空白的带线本来写我的诗。她也写了一首，那是一首好诗。诗让我哭了。我已经爱上了写很多诗。

我的回应：

她在尽力参与到你的兴趣中来，真是太好了，太好了。

丹尼斯开始用诗歌表达她的感情。下面是她对我说我读她的诗时感到战栗的话的回应：

是吗？（在你读我的诗的时候感到战栗）我的父母也是！我发现很多大人（大多数时候是我的父母）觉得读我的诗很吓人。好吧，下面还有一首：

一棵美丽的树
靠近一根断了的树枝。
风说比一下。

风吹走了树枝。

一次又一次

生命对任何人都没有意义。

一次又一次

生命对任何人都没有意义。

（这是新作的一首诗，还没有人看过。）

我的回应：

我亲爱的诗人——我是如此地喜爱你表现人类感受到的美好和快乐，还有脆弱的感情的方式……

你觉得我的诗怎么样？

阿洛哈……

我爱你

阿洛哈………

你好……

阿洛哈………

阿洛哈………

阿洛哈………

就是现在。

这让我想到了你。

我的回应：

你让我
想到了一朵睡莲
开在
泥泞、浑浊的水上。
你让我想到了
一棵草
把它自己
从干燥，满是泥泞中生长出来。

你让我
想起了玫瑰
慢慢地盛开
每个花蕾
向着太阳。
你让我
想起了所有的诗人
他们发现美
从细微的东西中发现。

我爱你！

K 老师

4 月 26 日

丹尼斯最后两篇日志是：

我有一首给你写的诗。

爬上

爱的山。

抓住

掉下来的机会。

我的回应：

这是生存的方式。那么你的生活会很丰富。

走在一条条

孤独的街上

怀抱着希望

直到最后。

我最后的回应是：

你，我亲爱的朋友，将会拥有丰富的人生。

第五节 分享秘密

日志也是孩子们和我分享秘密的地方。有个秘密是关于领养的。被领养的孩子们被建议在家人中保守这个秘密，他们会分享他们领养的秘密。他们就是在这儿说着他们某一天去寻找亲生母亲的计划的，甚至在他们还只是三年级的学生时。一天，茱莉到我这儿说："昨天我收到一封信，我的亲生母亲死了。"我抱着她，我们两个都哭了。她告诉我她打算寻找她妈妈的计划是怎么消失的。在我们讨论的结尾，她觉得，也许这是结束，所以她在18岁之后也不用再去找她的妈妈了。茱莉把这个和班级分享是很重要的，我提醒她，如果她这么做了，那这件事就不再是秘密了。她的回答是："我想这样做。我相信他们，他们会为我保守秘密的。"

我对班级说了茱莉有非常私人的东西想和大家分享的请求，以及茱莉是怎么信任他们每一个人的，然后把班级交给了茱莉。她告诉了大家她被领养的事、她寻找亲生母亲的计划，和她前天收到的信。整个教室都沉默了，许多人脸上有泪水滑落。茱莉的故事没有被她的同学再提起。

辛迪在日志中写了她在韩国出生，然后被她的父母领养。她描述她在来的时候穿着一双韩国的鞋子。她的日志因为这次精细的意象而富有力量，我建议她把日志装订成册。辛迪的父母对辛迪的领养很开放，所以我知道这对所有相关的人都很恰当。辛迪决定用第三人称的视角，用她自己来结尾。内容是这样的：

一双韩国鞋子

一天，一位叫肯尼斯的父亲和一位叫戴安的母亲决定再要一个孩子。他们已经有3个孩子了。他们等了一整年，但是戴安没有怀上孩子。戴安说："我们没有怀上。"于是他们决定领养一个。

他们在领养机构做了申请。肯尼斯对领养机构负责人说道："我们想要领养一个孩子。"于是负责人让他们填了许多表格，见了许许多多的人。

然后，1981年7月3日，他们全家去了火奴鲁鲁国际机场。他们等啊等啊，终于看到一位女士抱着一个婴儿向他们走来。我就是那个婴儿。

我穿着一双韩国鞋子，一双闪亮小巧的鞋子。上面有银色、金色、红色和蓝色。

今天我8岁了。那双韩国鞋子在我的卧室里一个特殊的地方。它们在一个玻璃箱子里，里面有一个韩国娃娃。

今天当我看到这双鞋的时候，我为自己被领养感到特别和高兴。我爱我的鞋子和我的新家庭。这双鞋提醒着我，我是出生在韩国的。

辛迪的致谢页写的是：

此书感谢我在韩国的亲生母亲。我也感谢我在夏威夷的家人。

在作者页她写的是：

作者辛迪·奇英·米·艾米可·马茨拉被肯尼斯和戴安·马茨拉夫妇和他们的孩子雷安、凯文和梅勒领养。辛迪在读三年级。她喜欢和她的家人在一起。

几年后，我收到了辛迪的高中毕业通知，上面有她穿着美丽、优雅的韩国盛装的照片。

冬几乎每天都写他对钓鱼的热爱。整个学年，冬会带着冰箱和一个早已明白的秘密的笑容走进教室，并把冰箱放到我的桌子下面。里面是一条给我当午餐的鱼。这是给我的私人礼物，我们只在日志里讨论关于他钓鱼和我午餐的事情。当他进初中的时候，他在周末打电话给我，把他钓到的部分成果送给我。到了高中，冬的爱好从钓鱼变成棒球，并在夏威夷大学棒球队打球。

麦凯尔·欧汉隆对写作的喜爱和我一样，他私下里在日志中称我为“爱因斯坦夫人”，我从来没有告诉他我实在没有阿尔伯特那么聪明来使他的幻想破灭。学期的最后一天，他给了我印着金色的爱因斯坦夫人字样的棒球帽。班里没有人知道爱因斯坦夫人和麦凯尔。也没有人知道，麦凯尔有多不喜欢他的姓。因为他说：“你可以听到播音员说四分卫麦凯尔·欧汉隆吗？听上去就感觉不对。”他到了大学，学的专业还是英语。

安娜用她的日志来引起我的注意，因为我在学校里总是和学生在一起，他们想有几分钟和我私下交谈几乎是不可能的，除非在课间休息的时候或者放学后留下来，就像许多孩子做的那样。

安娜马上就要离开这个州了，她请我继续把写作和阅读的课程计划寄给她，因为她不想错过任何东西。我向她保证我会的，我们在她走后的一年保持了通信。我们讨论书，安娜继续分析她的进程，正如下面的日志显示的：

我在读你三年级写给我的信，我有种感觉我的写作技巧在下降。我想，这也许是每周要走一公里的悲剧吧。

日志成为评价学生写作的一个优秀的空间。我在探索标点符号后不久，就在他们的日志里看到所属格的’S，或者在课堂上的一些讨论时，整个人会觉得兴奋不已。

这是一个告诉学生们他们所做的所有好的事情的场所，也是提醒他们没有达到某些标准的场所，一切都是用幽默、轻松但严肃的笔写下来的。我觉得学生们需要知道他们技巧的具体内容，这样这些技巧才能最终变得自然。

当菲利普第一次开始写作的时候，我的回应是这样的：

你确定你是在三年级吗？你确定你不是六年级学生装的吗？我们昨天才讲了大写字母，你就在每句句子的开头用大写字母了。太棒了，菲利普！

哦，不！这个孩子一定是把所有的句号落在家里了。嘿，明天把它们都带来。

第二天，菲利普会在每个句子的结尾放一个句号。

嘿，嘿——你忘了你的元音吗？它们在哪儿？

第二天我写道：

看看你的元音！

一个词条会带来一个微笑和一个浅笑，即使今天的词条是“极度”。我用玩笑惩罚了班级，某天我十分厌倦“非常”这个词，也不让他们用类似“极度”这样的词。从那以后，几乎每份日志和每本写作工作坊的功课都痛恨“极度”这个词。从我收到的很多莱恩的信来看，他把这个词带去了波士顿学院。

第六节　我的眼睛就是金属

日志也是培养自学的良好方法。莱恩在三年级是个不可思议的读者和作者，我们一起在他的日志里培养了这点。我可以对莱恩诚实，因为他微妙的幽默感，我们通过文字和语言的交流使得我们对彼此的了解更多了。

他是一个挑战者。一天，在科学课上，我对“共生”这个词下了定义。第二天，莱恩把这个词扔给了我：“好吧，K 老师，这是不是意味着你和我不是非共生的关系？”

莱恩在阅读超越他的年级规定的书，所以只有通过日志我才能把我的指示个人化。在一篇日志中我写道：

嘿，你是个诗人。你用了比喻。伟大的作家常常用这种技巧来描述他们写的东西。让我们来看看你能不能找到你用的喻体。这就好像写你自己的测试，对吧？

莱恩：

喻体是蛋的部分。哈！我找到了。

我的回应：

既然你已经是个伟大的作家，摆脱那些老生常谈的陈词滥调怎么样？你知道，像是“好”“东西”和“有趣”。想想其他词语，这样我就知道你的准确意思是什么了。我们在这儿定个协议吧。你可以对我的话表示不赞同——你可以争辩或者捍卫你写的东西。但是，像个律师，你的辩护必须有意义。

莱恩：

那么你是想去法庭。嗯？

我的回应：

你有如此激发人的想法和思维，但是它们大多数都隐藏在你的身体里。请……请写，更详细地写，好让我进入你的脑袋。

莱恩：

好的。

我的回应：

停下！站住别动！举起那支笔！你还是保留你所有的想法和感情，锁在你的脑袋里。你的回应还是“好的，耶，是，不”，不能再这样了。我不会再接受这些回答了。从现在起，你要写短文。

莱恩的下一篇日志是：

周三，我的反思信上有了一条丝带。主题是“如果我有一个愿望”。

我的愿望是遇见一个外星人。我必须读这封信所以我读了，我妈妈说我是最棒的。

我的回应：

恭喜！我不知道我在教导一个获胜者。你获胜的时候感觉如何？

莱恩：

我感到

快乐

震惊

紧张

兴奋

惊喜

一下子不可能感觉到所有这些，是吧？

通过日志，莱恩和我有了一些有意义的讨论。我们讨论了文学中象征的使用，莱恩写了下面的文字：

亲爱的日志：

我读了《恐惧的拂晓》，我想分享关于本书的一些心得，里面有一把枪，我觉得它代表了战争，所以当它最后被埋掉的时候，把它埋了的男孩觉得他也把战争埋葬了。

我的回应：

我完全惊呆了，因为我给了你一本给12岁孩子看的书，而且你理解了象征。象征是很难掌握的，因为它们无法被解释。但是你抓住了！你太棒了，因为你说枪象征了战争。记得两种战争吗？真实的那种和他们玩的战争游戏。我在想，你是不是也觉得，战争杀死了他的朋友后，也埋葬了他的童年呢？

莱恩的回应对我而言很清楚，我给了他太多问题，而他让我准确地知道且正中意义：是的。

莱恩在进入四年级的时候和我继续了一年日志交流。我们的个人化指导突飞猛进，就像他在书评中写的：

作者的书写如此有趣，就像一块磁铁，我的眼睛就是金属。

我的回应：

莱恩，这篇报告的最后一句话非常精彩。运用了明喻（像一块磁铁）和暗喻（我的眼睛就是金属），把你置身于伟大作家的行列中。这是我想吹嘘的作品。我会吹嘘，但你要保持谦虚，好吗？我要借用这个，为了下次教师工作坊，当然要获得你的允许。

莱恩的日志有时会有几页长，电脑打印的。我们可以挖掘得更深，超出读书报告和文学修辞之外。当他失去了对他很亲切的人时，我给了他一本书。莱恩写道：

我懂你为什么给我这本书。你给我是因为这是一本关于爱的书。现在我可以平静地记住他了。我不是太明白你为什么要做这个。

我的回应：

你理解了我的目的。死亡通常让人想到黑色或是感到悲伤、失去、阴沉。我想让它和记忆一起，对你来说是美好的。

学期结束的时候，我建议他继续写日志，却收到了下面的回应：

除非我绝望了。

但是我绝望了。在这些年里，夏天的时候，我在夏威夷大学给老师们上语言艺术课程。莱恩是一个，也是唯一一个资源发言人。在我宣布明天安排好了一个资源人后，年轻的莱恩走进教室，参与课程的人脸上震惊的表情总是有趣的。莱恩从一个作者的角度说写作的过程，讨论文学，像一个专业人士一样回答每一个问题。这是一个年轻人回答成年人提出的严肃的问题。在每次讨论会结束的时候，一些老师会向莱恩要电话号码，以便以后参考。莱恩从高中载誉毕业后，进入波士顿学院。

随着这些学生的成长，我惊讶地听到其中很多人还保留着他们的日志。在豪威和鲍勃去念大学之后，他们都会参考他们六年级的日志，再现他们涂鸦的画和写过的话，“我不敢相信我对你说过这些事。”然后补充道，“我还能听见你的声音，说着每个你写在我日志上的字。”因为莱恩保存了他的日志，所以我可以从他写的东西中拿出这么多篇。

第七节　学生比我们认为的要聪明

正是通过日志，我尝到了我自己的苦药。有一年，一群六年级的学生要求我也写日志，因为他们想读和回应我写的。我对为学生写日志感到激动，并且在架子上为我的日志安排了一个特别的位置。前两天，学生们涌到架子前读我的日志，但到了第三天，他们完全忽视我的日志了，没有一点点兴趣。我的第一个痛，自我中心的反应是："你看到这些孩子是多么以自我为中心吗？他们只对他们自己感兴趣，对我没有兴趣。"

现实击中了我的双眼。我的日志写作从大学以来就不是听从内心自由诚实地写的。我总是有一本自己的日志，这两本日志之间有着明显的不同。我的学生从我这儿看到的是对的，也知道我是为了一群学生写，感觉到自我、隐私的部分。我的确选择把写作建立在"哦，不，我不能让他们知道这个"基础之上，我就是对这类写作在他们的日志中做出无聊、无趣的回应的。我的日志持续了两天，盖上了他们沉默、无法表达回应的印章：没意思，不值得读。

学生比我们认为的要聪明得多，他们似乎理解我是从哪儿来的，尊重我的特殊需求。豪威大学毕业的时候，从俄克拉荷马给我打电话，用"既然我是个大人了，我可以问你一些问题吗"开始的。我坦率、诚实地回答了他每一个关于我私生活的问题。我们现在是最好的朋友，通过电子邮件沟通。如果那天他打来电话时我没有完全诚实地回答他，我敢肯定他今天是不会用"亲爱的弗朗西斯""我的朋友"称呼我的。

我必须承认，有一个问题我总是隐瞒事实，那就是："你几岁了?”珍妮弗，我以前的三年级学生，现在也是一名老师，两周前给我送了一张生日卡片，上面写着:“当我8岁还是9岁的时候，我觉得你有100岁了，现在你应该有115岁了……”

有一年，在我生日的时候，当被问到几岁时，我公然地说“60”，因为我相信60岁离我还很遥远。第二天早晨，洋子，一个从广岛来的学生，她的第一语言是日语，带来50只用心折叠的手工纸鹤，这是一种代表好运和长寿的象征。每只纸鹤都比我的大拇指指甲还小。她和她妈妈一起来的，她妈妈对我鞠躬、道歉，因为洋子没能完成61个，她熬夜到清晨，通宵折的，为她的老师60岁的生日。尽管有洋子珍贵的礼物，我还是继续对我的年龄撒谎。

一个诗人的歌

如果笔
舌头
和心脏
让空气中充满了
一首歌，
该是一首真理的交响乐！

弗朗西斯·K

第十章　亚瑟·T. 贝尔

第一节　装饰华丽的作家之椅

亚瑟·T. 贝尔是一个礼物，它代表了我在童年时没有拥有的所有填充动物和漂亮娃娃。一天，我把这个故事告诉了卡罗琳·潘博士，她是我的内科医生，同时也是我的朋友。我和她分享了我是在怎样贫穷的情况下长大的经历，青少年时期我从来没有得到过一个填充动物或者娃娃。我一度幻想有一个可爱的男生，在一次嘉年华上为我赢得一个填充动物。但是嘉年华从来没有来过镇上，那个可爱的男生也从没出现过。我下一次生日的时候，潘博士给了我一个软乎乎的棕色泰迪熊，我给它取名叫“亚当”。

亚当后来被重新命名为亚瑟·T（代表了西奥多）. 贝尔。亚瑟·T. 贝尔不仅成为我三年级的写作老师，也激发了我的学生们许多创造性的思维，甚至不止一次登上我们当地报纸的首页。

我的写作课程是建立在儿童作家项目上的。这一项目的概念是怀俄雷特·哈雷达博士和学校的图书管理员和夏威夷州教育局的老师们一起提出的。怀俄雷特是夏威夷大学图书和信息科学的副教授。本质上来说，学生写作就像作者在出版界一样：他们创作草稿，经过编辑和重写的过程，完成他们的终稿，并以书本的形式出版出来。出版以后，他们在书被送到课堂或者学校图书馆流通之前，举办签售会或者作家茶会。当我的第一本诗集出版后，我记得我去公共图书馆检查卡片目录，我站在那儿看到我的名字和书的标题有了记录，高兴得像个傻子。我观察那些自己的书被加到学校图书馆卡片目录上的学生的真实反应。

在我们班上，我们有一把装饰华丽的椅子，有一个高高的镀金椅背和舒适的红色天鹅绒坐垫。我们叫它“作家之椅”，是由怀恩·哈雷达捐赠的，他是《火奴鲁鲁广告者》的一名娱乐编辑，也是我们儿童作家项目的坚定支持者。作家之椅成了作者的保留座位，当他们想要班上同学回应自己的作品，或者想让某个人评论自己的草稿，或者准备把自己的书和听众分享时，可以用这把椅子。孩子们坐在这张大椅子上，周围是扮演他们的编辑的同辈人，是十分常见的场景，这项任务他们做得十分认真，而且他们建设性的批评往往很严格。

第二节　学生编辑

学生实际上十分喜爱被编辑的过程，而且让他们选择一个人做他们的编辑还是整个班级做编辑时，他们常常倾向于选择后者。也许是因为他们对自己的草稿非常骄傲，并且觉得他们写了如此重要的东西，希望有更多听众——直到他们在作家茶会上有真正的听众那天。

一天，特雷伯坐在椅子上，读他写的新宠物狗的故事。这个故事最初出现在他的早晨日志里，我很高兴我建议他把这篇日志写成书。他的最后一句是："我是如此如此如此如此地爱它"。一个学生编辑建议，也许他用了太多的"如此"了，也许他用"很"来代替那 4 个"如此"会更恰当。特雷伯说："谢谢你的建议，但是我喜欢这样。"

孩子们向我求助，他们的神情仿佛在说："做点什么，你可是老师。"

我说："特雷伯，你是作家。你已经听到大家的建议，你要自己做出决定。"特雷伯坚持他原本的"如此如此如此如此"。

当我们举办作家茶会庆祝学生们写的书时，特雷伯选择读他的书。他结束的时候，一个学生看着成人观众，解释道："我们觉得特雷伯用了太多'如此'，但是他坚持这种用法。"他一定是觉得尴尬，或者觉得他对允许这种文字冗杂负有责任。

5 月，特雷伯把他的书拿给我，对我说："你知道吗？那个孩子是对的。我用了太多的'如此'。"他继续说，"我可以改掉。你觉得怎么样？"

我告诉他："特雷伯，就我个人而言，我喜欢那种用法。你在十月写这个的时候，对你来说这是没问题的。这说明你作为作家成长了多少。而且，我还真喜欢那个‘如此如此如此如此’。但是话说回来，做决定的人是你。”几天后，特雷伯说：“我决定就这样不改。”

特雷伯给我上了很好的一课。如果我用传统的方法替他先修改了草稿，我可能会剥夺他自己发现写作和学习有什么差别的机会。如果我用红色墨水笔给他的句子做记号，那么它可能在特雷伯没有参与的情况下被修改了，然后被遗忘了；那编辑就成了我一个人的事了。

当特雷伯给我送来他在伊大哈高中的毕业邀请时，我在我的卡片上写：“我如此如此如此如此地为你感到骄傲。”因为他在那儿载誉毕业，同时获得了体育奖学金。

让别人来编辑自己的作品不是一件简单的事，这是我自己发现的。我写了一首介绍学生们在学年期中写的诗集的诗。我坐在作家之椅上，整个班级围坐在我身边。第一次朗读完后，埃林说：“我觉得你不需要那个结尾。我觉得你的结尾在‘我是！我是’的地方会很好。”我注意到有几个人点了头表示赞同。

在这点上，我表现得像特雷伯一样，为我写的每一个字争辩。最后我妥协道：“好吧。让我再给你们读一遍我一开始写的，再结合埃林的建议读一遍。”这一次，我读原来版本的时候用了更多的表情和感情。我两次读完了，孩子们都点头说：“是的，诗的结尾应该停在‘我是！我是’。”他们得出这个结论的时候，并没有互相看来看去以寻求支持，而且还统一地举起了手。我教给他们的太多了！

我拒绝放弃我结尾的四行，我把诗拿给我的一个成人朋友，他的回答是："孩子们是对的，你说得太多了。"有些不情愿么？我最终屈从，为了《一个诗人的宣言》放弃了诗的最后四行：

一个诗人的宣言

我是一颗星
在银河之中。
我是浪峰
在翠绿的波涛上。
我是一滴露水，晶莹透亮，
在晨雾中捕捉太阳的光束。
我是那粒尘埃
在蝴蝶的翅膀上。
我是那首歌
有一千个音符。
我是那颗滑落的泪珠
你亲吻过。
我是诗人！
我是！我是！
我是暴怒
在闪电中。

我是那个意象

有一千种形式。

我是每一页的魔法。

我是诗人！

我是！我是！

我们都学着去做那种最温柔的编辑，总是尊重作者的作品。许多次在我看到一个孩子的作品会去向哪里时，我要用尽我的力气才能管好我的嘴巴，不让这个孩子的作品变成我的。

一次，我访问了一个一年级的班级，我在一开始演示时就说："如果我说你们每一个人身体里都有一个诗人，而且那个诗人在叫喊着：'让我出去！让我出去！让我出去！'你们会说什么？"我开始念一些诗歌，然后请一个叫大卫的学生高声念他创作的一首诗。这时，我停了下来，把他的诗写在了黑板上。他的视角从第一人称到第三人称换了好几次，而且完全没有押韵。我让他把他的诗念了好几遍，希望他能发现这些问题。这时一个学生建议道："听上去完全不一样。"她发现我在想什么，我想借助这个女孩的评论帮助大卫修改他的诗。不过，我很快决定，还不是时候，这是大卫的第一首诗。这些孩子需要发现他们是诗人。忘了押韵吧。

于是，我给班级念了许多具有强烈节奏的诗。察觉到他们已经准备就绪，我让他们自由行动。他们写了一个半小时，没有停顿。他们担心拼写，但是我告诉他们这次不要担心。有一些学生还不太会写字，于是我和他们坐在一起，让他们把诗口述给我。一个男孩坐了一个小时十五分钟没有动过，他的最后一句是，“气球组成了彩虹”。

我们的写作工作坊在开学第一天就开始了。取代传统的“暑假我做了什么”，我让他们写“为什么我是特别的”。写一页到两页，关于他们为什么有自己鲜明的特征。后来，我们把这种写作用在编辑上，集体参与。我向孩子们介绍了在编辑中使用的变音符号，并且告诉他们，无论是在高中还是以后真的成为记者、作家、编辑，都是使用这些相同的编辑符号。我让他们先对标点符号进行编辑：“你们句子的结尾有句号吗？”如果没有，他们用符号来标示缺少句号。我们对他们句子开头的大写，以及专有名词进行编辑。这使班级进入正确使用大写、标点符号和语言的使用这些方面。一个一年级的学生在进行了几次写作后问：“如果我在第一遍写稿子的时候就编辑的话，它可以是最终稿吗？”那是我的最终目标，让学生们在写的时候自己编辑。

我向他们展示了书本的护封上关于作者自己的简短介绍，并让他们注意在描述作者时使用第三人称。

学生们在把作品发到编辑邮箱之前，要重新写自己的作品。“老师是最后的编辑”是基本规则。我是这样给他们解释编辑的重要性的：“在书店和图书馆出版的书里，没有发现拼写和语法错误。所以我们出版了的作品是不会有错误的。”

在我和每个作者一对一地进行最终编辑后，他们用钢笔、铅笔或者电脑来完成最后的版本。开始写作者自述之前，他们会先把图片加上去。

写作的完整过程，即从草稿到最终稿，都写在一张大大的图表上，这样学生就可以关注他们处于哪个步骤，而不用老师一直指导了。

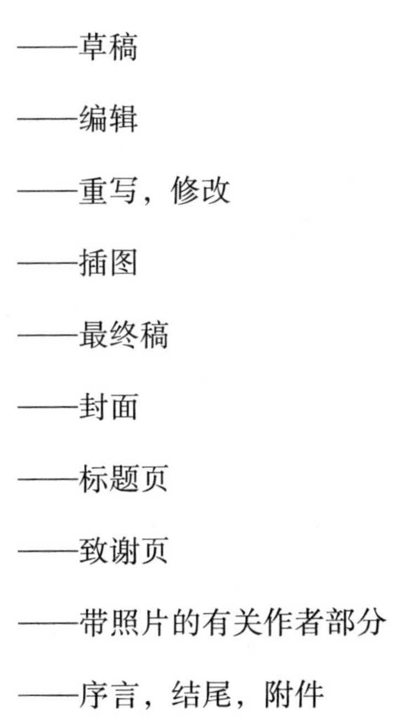

——草稿

——编辑

——重写，修改

——插图

——最终稿

——封面

——标题页

——致谢页

——带照片的有关作者部分

——序言，结尾，附件

一套规则是建立在编辑过程中的：每位作者都会得到尊重，对修改的所有最终决定权在作者手中。我们避免“应该”和“理应”这样的词汇，而是使用“我想要建议”等等这样的短语。对于这个，大多数学生会用“谢谢，我会考虑你的建议的”来作为回答。

在对第一页第一组的编辑过程结束后，学生们可以以自己的速度来继续。他们在指导下经历了第一页上整个的写作过程，这使得他们可以自己继续下去。因此，他们置身于写作过程所有的不同阶段。

在学年中，我们在学校每月举办作家茶会，庆祝我们“出版了的书”，家长和校长都会被邀请。这些书有关于社会研究的，有关于科学的，或者其他领域的主题。学校规定允许一年有两次聚会；这是一个让我们每月举办庆祝茶会的方法。每次的作家茶会都是“优雅的集会”，有饼干，上好的瓷器里有为大人准备的茶。作者享用着果汁和饼干。有些女孩子还会戴上白色的手套。

有一次，我们的写作被录像录了下来，在后来看的时候，我很高兴老师没有那么容易被找到。但是，看到的和听到的是低低的嗡嗡声，因为学生们处在写作过程的各个不同阶段：有些人在独自写草稿；有些在一对一地编辑；有一个人坐在作家之椅上，一群同辈像编辑一样在听；有些在做最终稿、书封面和致谢页了。这项活动进行的时候，我发现我自己在帮布瑞特听写，他的写作技巧还有些问题。马克思坐在那儿，头靠在桌上。

马克思是一个证明作者是怎样工作的完美的例子，哪怕他的头靠在桌上。很多次我问马克思：“你在干什么?”他的回答总是：“我在思考。”我接下去说：“很好，你妈妈今晚会帮你把想法打出来吗?”如果我有时间，他会把他的想法口述给我。他的妈妈和我理解，因为马克思有读写困难症，如果他在班级里没能把他要写的口述给我，那么他会口述给他妈妈。她总是对儿子思想的结构和组织的完整又震惊又钦佩，已经可以直接定在纸上了。

马克思听写的故事显示了他对怎样写故事的理解。他写的故事有开头、中间和结尾，以及可信的情节和人物，这些是他理解如何写故事的证据。

如果我坚持所有的作者在写的时候要手里拿着笔，把话写到纸上，那么我可能打扰了他的思想。所有的作者用他们自己的方式写作；我在写作的时候，几乎不会有一张空白的纸。我的思想、诗歌或者想法，在我手上拿起笔前，就已经在脑袋里形成了，像马克思那样。再一次强调，我们需要尊重每个学生自己的学习方式。

第三节　贝尔登场了

就是在这种写作环境中，亚瑟·T. 贝尔初次登场了。孩子们一天早上去教室的时候，发现亚瑟·T. 贝尔坐在作家之椅上，燕尾服上粘着一张便条：

我是亚瑟·T. 贝尔。我可以坐在这张椅子上吗？哦，如果你能猜到 T 代表什么，也许我会让你带我去你家玩。

在那天结束之前，数不清的字条贴到了亚瑟身上。很多人给它坐在椅子上的许可，除了一部分人，包括盖瑞。他是那个特殊教育的学生，他坚持说只有作者才可以坐在那张椅子上。他没有猜T代表了什么。

亚瑟出现后的几天，由亚瑟·T写的便条和诗开始被贴在它的标签上。很快，被认为是亚瑟·T执笔的完整的书开始出现了。亚瑟的幽灵作家很忙。但是它们是什么时候写的，什么时候被贴在亚瑟·T身上的，对老师来说是一个谜。亚瑟成为那张椅子的合法占有者。

另一个谜团出现了。其他泰迪熊加入了亚瑟，它们身上也贴了纸条介绍它们自己。没过多久，教室里就有了各种颜色、大小和名字的熊。

把它们放在哪儿呢？切丝丽的爸爸是一个建筑师，在火奴鲁鲁有家工厂，他为放置我们的熊画了一幅公寓蓝图，每个格子有一只熊的名字。

有这幅蓝图指导我们，在建造这个公寓的时候，我们提供了空的箱子和许多课间休息时间。堪称奇迹的是，切丝丽给她爸爸提供了所有熊的大小。当地的报纸选择了这个故事，孩子们和他们在公寓里的熊登上了报纸头版。切丝丽的爸爸第二天去上班的时候，发现在工厂的公告栏里有一篇文章，标题很大：“……成功进行的另一项项目”（前面是工厂的名字）。

第四节　熊入住的公寓

《太阳报》的记者卡罗尔·陈报道了这个故事，还配了一张学生们站在装满了熊的公寓前面的照片。文章的标题是："熊入住的公寓"。

学生们开始成为亚瑟·T. 贝尔的幽灵写手。起初出现了一张便条，请求让熊坐在著名的作家之椅上，那把有着上好的天鹅绒的座椅。然后被认为是亚瑟本人写的小书和故事开始出现在房间里。学生们以它的名义写作，这样它就可以坐在那张椅子上了。

亚瑟·T. 贝尔也在其他课程领域里历险，它可以去那些表现出人道行为的人家里过夜。由亚瑟写的日志会在第二天早上和它一起回来，具体描述了它的过夜造访。亚瑟会去参加足球练习，在饭馆里吃饭，和其他人在他们家里吃饭，和男主人或者女主人的家人一起玩许多游戏。亚瑟成为一个多产的作者，他写日志、故事和诗。

6 月下旬，卡罗尔·陈的一篇后续报道再一次出现在《太阳报》上，这篇后续报道《贝尔房产强迫租户搬出公寓》同样配有那张学生们站在装满了熊的公寓前面的照片。

"贝尔房产"指的是当时一项不受欢迎的行动。当地的地产商大地产将自己的租赁权以天文数字般的高价转变成非限定继承权。

那篇文章中的摘要如下：

“我们进行了所有的合法程序。”贝尔房产的一名代表向记者保证。K在本次纠纷中扮演地主，在5月17日举行的听证会上由她班级里的两个律师为她辩护。本次听证会将决定这间居住着许多毛茸茸房客的高层公寓的非限定继承权转变问题。

根据学生的辩护，这些毛茸茸的租户未能成功地为土地购买权辩护。贝尔的律师指出：“你知道那是租赁的——你为什么现在才投诉呢？”

在学校的模拟听证室里，孩子们在继续强调的时候迅速地变得精明。3位法官中的两位曾帮着把熊的楼房粘起来，他们会有失公平而偏向租户吗？

为什么贝尔的律师老师让他做什么他就做什么。“因为我花钱请了他们，他们就要为我工作。”K回答道。

……法官投票赞成房产商……因为真正的地主对其产权有其他计划（比方说暑期学校），租期即刻到期，租户无权选择续约，那个像家一样的小盒子被拆除了，没有熊做进一步的投诉。

他们的老师回她自己租的公寓过暑假了。

那些在第二年转到私立学校的学生，把亚瑟·T. 贝尔的名字也一起带走了。许多用了它的名字的泰迪熊出现在他们的新教室里。亚瑟·T. 贝尔做得很好，把我们带到内心世界去，那里有着等待被开发的创造力和渴望。

第十一章 50 年前似曾经历的感觉

第一节 10 岁被停学的往事

10 岁的时候，我因为描写我的老师而被学校停学了。

这个老师从来不笑，她最喜欢的一句话是："有些人的孩子是那么的笨！"五年级时，我们在一间五年级和六年级学生共用的教室里学习。到了阅读时间，在她教六年级的学生时，她给了我们一项写作和阅读的任务。我做完了作业，觉得无聊，便走到书架那儿拿起一本字典来打发时间。我把字典拿回座位，假装在查个字，然后走回书架还字典。我这样重复做了一会儿，来娱乐自己。老师看着我说："如果你再走一次，我就把你粘在座位上！"我写了一张纸条，内容是："我要把她粘在她自己的屁股上"，把它传给了坐在我前面的女生。她看了之后忍着不笑出声，肩膀不停抖动着，她在上面写了"哈哈哈"。我继续和她传纸条。我对老师用了一个强烈的描述语："当她笑的时候，看起来就像日本鬼”。“鬼”在日文中用来描述一个非常丑陋并可怕的形象，我的其他描写也没有那么好听。我不知道，坐在我身后的那个15岁的学生偷偷地打了我的小报告。老师让我把字条给她看。10岁的我还很天真，听从了老师的话，而没有把字条吞下去。

她看到字条上的描述的时候，是那么的生气，说要把我送到校长办公室去，但是她在这么做之前，先问了全班同学：“我们该怎么惩罚弗朗西斯?”值得一提的是，许多六年级的学生都是15岁；他们还留在六年级，直到下次生日之后才能合法地离开学校。

“把她送到校长室去，再给她一顿橡胶管”是最多的建议。从一年级开始，我们就被告诫校长用橡胶管教训学生。这个故事相当可信，因为很多15岁的学生都比校长还高大。第二个建议是，“让她停课一个月”。

当我们到办公室的时候，校长告诫我：“永远不要把你的真实观点和感情写在纸上，因为这会成为对你不利的书面证据。下次只在脑子里想想，不要写下来。”为了安抚老师，校长说让我停课一天，还要我向老师道歉。第二天早上起床的时候，我的胃有些疼，正好和那个写作的惩罚一起，所以我们家里没有人知道这次停课。

这周我一个特别的朋友，经历了我在50年前经历的事，而现在是在新的千年了。米基七年级时的任务是写总是在她脑海里的东西，于是她写了她的数学老师。她的英语老师在读了米基写的文章后，让班级两两一组，互相交流、评论对方的文章。米基的搭档觉得她写得是那么准确，就复印了一份。就像我50年前那样，这件事最后也是在校长办公室结束的。米基的作文在同学之间流传，其中一份传到了校长办公室。数学老师的反应是："这就是我。"她让事情就这样过去了。米基的父母知道了米基写了什么，要求她重新写，这次写英语老师。接着还有一个写信的作业。下面是米基日志上写的内容：

我对写作过程有一件难以理解的事，那就是我不得不一直改变我的题目。我不能坚持一件事。一件太个人、有点刻薄的事。于是我最终决定给我的朋友写一封友好的信。这是对的，尽管有点奇怪，我必须一遍又一遍地编辑，因为正常情况下，我不会对写给朋友的信编辑加工。

米基的老师会有一段艰难的时期，因为作者从他们自己真实的资源深处真诚地写东西。

有一年，我以诗人的身份访问了一个一年级的班级。在我结束访问的时候，老师让学生们写感谢信给我。他们的老师，我的一个好友，后来向我坦白了她采取的一个行动，与一封信有关。安妮最初的信是这样的：

亲爱的K：

我讨厌诗，因为它让我手很疼。我也讨厌读诗，因为它让我头云（头晕）。

安妮

安妮的老师觉得“这个不太好”，于是她让安妮重新写了她的信，就像米基被要求的那样。安妮的第二封信是这样的：

亲爱的 K 老师：

我很喜欢你的诗。请再来。

那很好玩。

安妮

当然第一封是真的。她坦言写诗让她头晕，让我脸上露出了笑容。这教训很明显。当我们要求孩子诚实、无拘无束地写作时，我们必须准备好应对他们的诚实，否则我们自相矛盾的信息会让他们觉得困扰不已，演变成成年人在审查他们写的东西。因为对这些后果的害怕，我们的学生们说他们不会写、不想写，这有什么奇怪的吗？我的确用打 20 下威胁了安妮的老师，因为她试图干扰孩子的真实反应。

那两年，我在两所高中的课程交流会上主持了一次诗歌会议。我注意到一个重复的场景。一些勇敢的孩子在我有空的时候走进教室，和我分享他们的诗，我们谈论了他们的功课。同时，门后挤满了学生，他们看着，检查这个大人出去了。慢慢地，他们开始走进来，随着会议的继续，他们靠得离我越来越近。这两类孩子传达出的信息是一样的：我觉得把写的这些东西给任何人看很困难，因为不想以人类的身份被评价。

安妮和米基已经学到这悲伤的一课，和我在孩提时代一样。有希望的是，随着时间的推移，学生们会叛逆，就像我那样，超越最初的羞愧内疚，那些也许是被未经思考的成年人强加的。

下面是从我的日志中摘抄出来的摘要：

我赤着脚走向卡普霍学校，大概是 10 岁的时候。在经过由依达商店的时候，我无意中听到一些人在用日语谈论着角川家的孩子们。他们说最小的女孩（就是我）不是家族里最聪明的……K 家其他的孩子都很优秀，除了最小的女孩，以及她不会有什么成就。我觉得很受伤，而且很羞愧。在我的记忆中，我知道，有一天我会证明给他们看。

几年后，我被夏威夷大学录取，并且获得了两项奖学金，我的照片出现在希洛《论坛先驱报》的头版。我想起了“他们”。26 年后，火奴鲁鲁《广告家》报用了一整页来宣传我的第一本诗集的出版，又一次我想到了“他们”。

又是几年后，当我的第三本诗集出版时，帕霍的村民（1955 年火山爆发，我们从卡普霍被疏散了）以我的名义举办了一场签名聚会。那时我住在火奴鲁鲁。我不得不经过村庄，取道我妈妈家。就在村庄中间的交流中心，有一条大横幅，写着：“恭喜你，诗人。”

第二天傍晚，我参加了我自己的签售会。村民们带来很多食物和一大块蛋糕，上面写着我新书的名字《金色的钉》。我读了一些诗，然后签售书。在所有的兴奋、感激和大部分的尴尬之中，我注意到“他们”也在场，那些来自卡普霍的村民，在我小的时候我无意间听到了他们的对话。当我看到“他们”在买我的书时，我觉得很奇怪，内心有着难以名状的感情。这些老一辈的人不会看书，也不懂英语，出于对书以及也许出于对作者我的尊敬，每个人买了一本书，双手拿着，并向我鞠躬。

七年级的时候，我为捍卫自己身为读者的权利而战。我的社会研究老师发现我在看一本叫作《办公室的妻子》的书。她把书拿走了，说：“你不能读这本书，对你来说太高级了。”我反击说：“我在图书流动车上发现它的。如果他们不想让我看这本书，他们不应该把书留在图书流动车上。流动车上的任何书，我应该都可以看。”

这次事件之后，在去图书馆或者图书流动车时，老师们会跟着我，审查我想要看的书。一个富有同情心的老师告诉我，我的“问题”已经在教师会议上讨论过，他们都关注我对性的提前兴趣。体育老师被要求和我一起工作。我觉得我被侮辱了，有些不同，但同时也有叛逆。我还是继续从图书流动车上借书，我还保留着那张我拿着那些“太高级”的书的照片。如果他们中的任何一个人花时间读了《办公室的妻子》，他们就会发现这是一个关于老板爱上他的秘书的简单的故事，完全没有和性有关的场景。这本书的标题把我放在了教师会议的日程上，我的阅读也因此受限制了。

第二节　阻止错误行为的发生

我三年级的学生们起初只允许借那些由图书管理员指明的给“三年级水平”学生看的书。我又一次把我对阅读能力和兴趣的观点说给图书管理员听，来把这些限制从我的学生身上清除掉。我知道，我的一个学生已经把 3 个书架上的书读了 4 次，因为她知道她不能看超过那个水平之上的书。

回望过去，我正在开始成为我今天已经成为的那个老师和人。我决定，我所经历过的害怕、管束、羞愧、内疚、不信任都不能出现在我的教室或我的人生中。不幸的是，有些事就是不会改变。70 年代，我给教育部门的官员写了封信，质疑 SAT 考试分数被用作对孩子教育过程的唯一评价这一点。我也描述了在参加这些考试时所处的境况：猜想，随意的反应，不阅读给空白填色，和考试过程完全没有关系。我也指出，文化上和地理上去掉的项目出现在考试中，考试分数为何不能衡量真实的学习，是因为我们认为它存在于整个学习过程中。SAT 分数被给予了这么多的重视，父母觉得这些考试的分数对孩子的教育是非常重要的，还会有什么奇怪的吗？一位来自州办公厅的考试协调员从俄亥俄州飞到这儿，答应为我提供一次游览夏威夷岛的机会，只要我停止贯彻我的观点。今天，我还是会把这封信寄出去，抱着一个想法：像 70 年代时那样，SAT 考试分数不再出现在报告卡上。

历史不断地重演，那么丰富的历史是由人创造的。我们现在一定能够阻止一些错误行为的发生。比如，我六年级的教学搭档在 20 世纪 80 年代后期把我的一个学生拽到我的班级，大声说："你知道你的哑巴做了什么吗?"那是一个参加特殊教育班的学生。第二天，我要求和校长，以及那个教学搭档一起开会，申请我们不再搭档，只要我的班级里有学生，她就不能进我的教室。我的申请被那个老师和校长接受了。

我们给我们的孩子发出那么多的信息，随着时间的推移，可能被吸收，成为他们的一部分。幸运的是，那些坚强自信的人会让这些负面的信息为他们服务，哪怕是以一种报复的方式，就像我所做的那样。但很多情况是不行的。为什么不发出那些最好的信息呢?

第十二章 旧瓶子里的东西该更新了

第一节 杰西的旧瓶子

杰西是我六年级的学生，我在班上介绍了诗歌后，她变得如此醉心诗歌，并且不停地写诗。有时，她把诗写在用过的黄色纸箱上，因为她住的货车上没有其他的纸。下面是她的诗的一个例子：

它伤害我像伤害你一样

当我看着我的爸爸喝酒时，

我觉得我的心开始下沉了。

我知道这是错的，

但是我无能为力，我的心变得悲伤。

我希望他停下来，这对他的肺不好。

但是如果我说了什么的话，我就会听到一声大吼，
对我会是这样。
我觉得我的屁股一阵剧痛，它会是这样。
但是如果他能停下来，对他是值得的。

我的心充满了愤怒。
我希望烟和酒
从来没有被生产过。
这是浪费钱，损害健康。
你得到的惩罚比你想的要糟。
在你走后，你爱的人被惩罚。
当你拿起酒或者香烟之前
想一想。

你曾见过一个你爱的人喝酒吗?
你不生气吗?
那是我在写这首诗时想到的
这是首无用的诗。
我看着我的爸爸喝得烂醉。
我想在他脸上打一拳。
但这是他的人生，他的健康。

如果他想浪费，就让他浪费吧。但是，
我不会抽烟或是喝酒
为了我爱的人们。

在我写这首小诗的时候，
一滴眼泪从眼里掉落
比刀还锋利
深深地进到我的心里。

我感到另一种痛
进入我心里。

杰西想让她的诗在班级的诗集中印刷出来，因为里面暗含她的爸爸。我把这首诗拿到海滩去，杰西和她的家人现在住的货车在那儿。我把诗拿给她的爸爸看，告诉他，杰西是多么想让这首诗印在我们班的诗集上。他看了这首诗，看着穿着高跟鞋站在沙滩上的我说："我想这是我要做的牺牲。杰西一直说她想成为一个像你一样的诗人。"

那年，杰西写了诗歌和记叙文。当我给班级读《亚瑟王和他的圆桌骑士》时，她写了一篇以中世纪为背景的故事，充满了诗歌般的中世纪形象。在班上，我们读了很多，听了很多文学作品，一起探索、经历，用语言实验着。在这个过程中，她感到非常快乐。这种完全和语言一起的参与，对杰西和其他人都有着明显的影响。

当杰西成为高中二年级的学生时，我和她订了个合同，因为我很好奇她在写作和生活的其他方面变得怎么样了。我邀请她到我的公寓，帮她烤她第一个新鲜的苹果派，并且让她带回家。当我看到她的诗时，我感到如此悲伤，对她的老师十分气愤。因为家庭生活的严格和限制，她没有办法接触到任何图书馆，但是在学校里发生了什么呢？她的写作就像我在六年级的时候看到的一样，特点几乎一样。我得出这样的结论：她仍然在用她六年级的知识库，因为那是她可以运用的全部了。她的语言和写作的发展只有一点点，或者说没有任何认知上的进步。

几年后，我收到她婚礼的邀请函，里面有一首她写的诗，我的结论得到了验证：即使在高中毕业后，她的写作仍旧像一个六年级的学生。而她的两个同班同学，豪威和鲍勃却不同。

第二节　让哑巴开口，让聋子听见，让瞎子看见

豪威·马格纳和罗伯特·韦伯斯特的经历是充满奇迹的。他们两人的父母都在军队里，自从六年级毕业后我们就分开了。当他们两个在不同的州读高中二年级时，在我们六年级那些共处的日子以来，我第一次有了他们两个的消息。他们都提到他们在六年级班级

里写过的日志。他们不仅很珍视那些日志，还会时不时地读一读。对此，我很高兴。

写作是美好的

写作是美好的。

它可以让哑巴开口，

让聋子听见，让瞎子看见。

写作可以表达真实的感情

那是我们通常看不见的，

它也让我们表现出真实的自己。

当一个人写作的时候，他可以把他想要的说出来，

不用担心别人会生气。

当你写作的时候，与说出的话不同，

如果你写了错的东西，你可以改正

在它可能伤害到某个人的感情之前。

同样的，在你写作的时候，你可以把你想做的说出来，

没人会让你闭嘴，或者离开。

但是，最重要的是，

写作可以表达一个人对另一个人的爱，

有时，是伟大的友情或者爱情

仅凭言语是永远无法表达的。

罗伯特·E. 韦伯斯特

豪威写了几页诗，展示了一个青少年的世界：

思想

一个人脑袋中的东西
可以让人很困惑，
装满了思想
感情和观念。
一个人可能会奇怪怎么会有
这么多的思想
存在于一个狭小的地方。
但它们做到了
这会让人震惊吗
如果你可以找到
一个人
看看他脑袋里面
观察所有
在里面的思想
好吧，这是我的脑袋，

这些是我的思想

跃然纸上。

请享用。

什么让它特别

什么让一首诗

变得特别

不是它的形式或者风格。

不是节律

或者押韵。

是诗人的尝试。

当一个作者写

某一首诗时

他不是为了钱。

他是在试图

写一些有意义的东西，

严肃的，或者有趣的。

他给了你

他思想的一块
握紧它们。

他和某个传奇有关，
有些事情对他来说是特别的。
有些东西只是叫他把它们写出来。

所以如果你决定
成为一个诗人
或者只是试一试。

不要
为了钱而做
或为了得到一个女孩。

为了
一个特别的理由
内心深处的。

用一首诗
说那些话

那些你不想再隐藏的话。

豪威良好的幽默感和对一个安全的未来的探寻，体现在下面的诗里：

给编辑们的信

亲爱的先生，
你是傻瓜吗？
伙计们，有什么问题？
你难道没有发现
每个人
在这世上的生活
都以你的决定为中心吗？
你难道没有发现
我想结婚吗
还想生孩子
说我自私，
但我认为那儿
有其他的青少年
想要的
同样的东西。

来吧，伙计们。

为我们考虑考虑

改变一下吧。

想想你看起来会是多么好

当在历史书中写道

你开启了

世界的和平。

豪威写的这首诗让我想帮他找最适合他的女孩。

太多了吗

有时候

我想做的

只是哭。

因为我觉得

自己是一个人。

我知道我还有朋友

但是我想要更多的东西。

我想要爱情。

我要得太多了吗？

我不觉得。

第三节 默契三人组

与这两个男孩的下一次交流是在他们高中三年级为大学做准备的时候，然后他们分别成为纽约和图尔萨奥卡荷马的新生。让人惊讶的是，他们大学毕业的邀请函，我是在同一天收到的。鲍勃获得了英语的学士学位，豪威在交流方面获得了学士学位。鲍勃附上了下面的话：

我不知道我有没有真正地感谢过你在这些年在我作为学生、诗人和人的发展中，给我的指导和激励。假如我们的道路没有交会，我觉得我不会热爱文学，不会想着创作，不会像我现在那样去感受。谢谢你做的一切，我的朋友，我希望能很快见到你。我们有很多错过的事要做。爱你的，鲍勃。

豪威也送来了一张便条，上面是他的毕业宣言：

每次看你的信时，我意识到为什么我成为作家。的确我也需要逃离我的痛苦，是你的文章和鼓励激励我开始。为此，我必须要感谢你，尽管我无法回报你。

我对以前写信给我，说他们不知道如何回报我的学生的答复一直都是一样的："你快乐的生活就是对我的回报。"

鲍勃、豪威和我约定过，等他们毕业了——我们约好一个日期，去一家豪华的酒吧重逢，酒吧里有红色天鹅绒和低垂的灯。鉴于这样的设定，我们需要一个指派的司机，愿意对此尽心。

下面我提供的趣事进一步向读者阐明我们三个之间存在的魔力。一年夏天，我在夏威夷大学教文学和语言课。我分享了豪威和鲍勃几乎命运注定的影响，通过他们写的诗和信，他们的形象在这些老师面前变得真实了。我大胆地说："我确信鲍勃和豪威在这次课程结束之前会给我写信的。我非常确信。"

在课程结束三天前，我收到了鲍勃的一封信。老师对我们之间似乎存在的特殊波长十分敬畏。第二天他们问："豪威写了吗？"我漫不经心地说"是的"，不然会显得有一点扬扬得意。然后，我拿出了一天前收到的豪威的信。

我们现在的关系是成年人和成年人之间的关系。通过信和诗，我注视着这两个孩子成长为聪明、机智、善良、有爱心而美好的人。他们拓展了自己的知识和经验，也对此投入了自己的精力，并且今天也在继续进行着。友好的嘲弄、欢笑和眼泪，与他们交流实实在在地让人感到快乐，因为我们是彼此生命中那亲密的一部分。

比如，在一封信里，我这样贫嘴地回复鲍勃：

我觉得那个人被过分教育了。他应该就上到六年级。为什么他不能问我类似于"你好吗？今天天气如何"这样的问题？不，他必须问我"钢笔干净吗"。在我回答之前，你要知道，我是一个非常成熟、老成练达、经验丰富的女性。因此，这个答案是由一个过去20

年都在她的外部世界里搜寻真理，而把目光回到她自己身上的女性给出的。(啊，你觉得她要逃避）现在我看待在象牙塔里和文学里的男男女女有一点扬扬得意，我说：“你信奉为真理的想法和思考，和我的不合适……问题是，谁是对的？”

一位俳句诗人芭蕉曾经说过：“从松树身上学习松树，从竹子身上学习竹子。”去把你的杯子倒满吧。

在另一个例子里，豪威和我讨论了电影《赌王之王》，他也幻想自己某天成为这世上最厉害的扑克牌玩家：

这部影片我最喜欢的一个地方就是他和一个法律教授之间的关系。他对那个人十分信任，也受到他很大的鼓励。当我看着他们的关系上演的时候，我不禁把他们和我们之间画上了等号。法律教授帮助达蒙追寻他的扑克梦，你帮助我追寻我的写作梦。

没有压力，但是我勉强把你当作是导师。这和体育写作无关，和写作以及一般的生活有关。在我六年级时你对我的支持，让我相信我可以在这方面成功。从那时起，你智慧的话语帮助我相信，我可以在生活中取得成功。

如果有一天，我真的找到了去世界扑克协会服务的方法，我希望你可以和我一起去那儿。你可能会觉得无所适从，穿着设计师设计的裙子而不是普通的T恤，慢慢地品尝夏敦埃酒而不是大口喝啤酒，会有很多不一样，但我相信你会觉得好玩的。到那时，我会通过生活的快乐把你曾给我的所有善良、智慧尽力回报给你。

这正是罗伯特·克罗布顿博士警告我的“永远不要说你在我这儿学过这门课或者这些课”。在教学中，真的没有过去时。

许多年前，我的职务是写作资源老师，访问了许多班级，通过“写作工作坊”这个概念，帮助学生完成从初稿到最终出版的整个写作过程。今天，我还会用我那时用过的技术吗？不，因为我已经学到更多如何让孩子很好地学习的方法了，对于写作的过程我也已经变化得更加自在了，作为一个写作老师，我不再像以前那样那么有控制欲了。

三年前，我遇到了一个老师，在她的班上，我曾经工作了十多年。她告诉我她十分感谢我，因为她还在用我在她的班级里证明过的技术。在我心里，我无法接受她的恭维，但是为了至少和某一个社会原则学派一致，我不能表达我真实的感情：“我的天哪，那个瓶子里的东西早就蒸发了，你为什么不往里面装进新的知识呢？”

鲍勃和豪威这两个男孩证明了他们在六年级和我相处之后，仍然继续往他们的瓶子里加入新东西。学生在他们的学校生活中会有至少 50 个老师。想象一下从 50 个指导者身上可以学到些什么。想象一下，他们的瓶子里会被怎样装满、更新，用新知识替换，一层又一层，一年又一年。想象一下，满怀热情和满腹学科领域知识的老师，让教学变成一项何等具备创造性和技巧性的活动。

最后，想象一下，学生们和这些老师在一起 13 年，学习并积累许多新的知识，这些会在他们以后的人生中被反复利用。多么好的一个金矿啊！

但是只有在老师像他们的学生一样，不断往自己资源的瓶子里加入东西时，学校才能成为一个金矿。对所有学生来说，老师不可能是任何事或任何人。老师也应该知道这一点，并且不断参加培训课程，在暑期或放学后参加其他课程。

老师活在这世上，知道时间在一天的课程中是多么宝贵，也知道在学校花费的时间有多少没有派上一点点用处，不能任由缺少时间来影响我们的教学，危害我们的学生。那么老师要做什么呢？

老师也需要他们自己以外的资源和指导来使他们的瓶子里装进新的知识。学生，当然需要渊博，富有创造力，不断往自己的瓶子里装入最好的知识的，拿走过时的东西的老师。老师可以做到上面这些吗？

三个外国学生提醒了我在整个教学生涯里我所依靠的同伴关系。

亚当来自匈牙利。他来后不久，站在我们教室外，一脸惊奇地说：“你知道那边有一个图书馆吗？里面什么书都有，我可以借那些书。你知道那边有成百上千的书吗？这真是个好学校，不像在匈牙利。”亚当那天给了我一种新的视角。

艾隆，一个 16 岁的越南学生说：“你知道去图书馆可以学演奏任何乐器吗？你知道那边有各种各样的书吗？”他在上笛子课的时候自学了钢琴、单簧管、萨克斯和吉他，并且全部都掌握了。

健次来自广岛，他告诉他妈妈美国很有意思，他的老师上课的时候在班上分发糖果。那是他在教室吃的第一块糖。他把这个故事带回了家，就是说他在这里可以用我的名字来称呼我，而不是用日文里对老师的称谓——先生。像亚当和艾隆一样，他也发现了图书馆。他总是会在图书馆挑一本书，尽管他看不懂英文。能够拿着一本书走出图书馆，对他来说是一项珍贵的特权，这些男孩看到了我们国家自由和丰富的资源，发现了我们其他人认为是理所当然的东西。

第四节　图书馆是学校的中心

“是的，”我说，“图书馆，就好像太阳系中的太阳，处于学校的中心。”我对图书馆里图书管理员的第一印象记得十分清楚，下面的日志可以证明：

在我一年级学会看书的时候，我就爱上了这个印刷出来的世界。就是在那时候，我向自己保证，有一天我也要让我的名字作为作者，出现在某本书上。这有可能实现吗？因为有资质的老师从来没有来过我们这个偏远的小村庄，卡普霍。我的老师除了念书给我们听之外，不知道和我们在一起的时候还有什么可以做的。从一年级到六年级，我所有的老师都只是附近村庄的高中毕业生。他们会花几个小时念书给我们听。五年级的时候，我记得荷马的《伊利亚特》和《奥德赛》，年级低一点的时候的《哈克贝利·费恩》和《汤姆索亚》，还有在这两个时间段之间的我最喜欢的《彼得·潘》。六年来，我们有一小时的午睡时间，我曾经从坐垫上拔出一根小草管，扔进我朋友的耳朵，想帮她掏耳朵。她从来不掏耳朵，因为我被老师抓到过我掏耳朵。我们在锄地，在上面进行园艺，播种蔬菜的种子，种蔬菜。我们把它们卖到村里的商店，把卖来的钱用在圣诞聚会上。学会在给午餐服务和洗盘子后，向咖啡店经理要报酬。我们有一整天的劳动节目，晚上有圣诞节目。PTA 会议之后，父母会去跳华尔兹或者狐步舞。

我们唯一能利用的书，是每月一次到希洛的图书流动车。当小摊来卖我们自制秋天校服裙子的材料的时候，这就像暑假到来一样激动人心。

后来几年，我去希洛的社区图书馆，那时我立刻把我的职业选择从成为一个警察换成了当一名图书管理员。我看到一个图书管理员在后面的房间里读书，想着："那就是我想做的，一个可以整天读书还有薪水的图书管理员。真是个好职业。"

我整个暑假都坐在前厅，读手可以够到的任何东西，梦想某天我读书可以有钱挣。我甚至读了《查太莱夫人的情人》和《范妮》（前厅那一块没有人审查）。

这份对印刷世界的爱，让我在上班休息的时候在教室里看书，而这也影响了我的学生的生活。学生们的"你爱书，不是吗"也意味着"那么我也必须学着看书"。我们都学着在文学中被熏陶，所以我们可以体验这么丰富的人生，没有知识的生活让人无法想象。

我常常把图书馆比作药师的办公室。当生病或者需要其他医疗救助时，我会找药师；当需要课程帮助时，我会找图书管理员。

要想知道怎样让学生们学得好，对此的理解可以应用到任何年级，或者以任何媒介推行。通过肯定学生之前的知识来帮助学生，鼓励他思考和自己做出决定以提升解决问题的能力，尊重他的热情和兴趣来帮助他学习，是所有学习的基础。这些可以帮助每个学生建立技能等级，一级一级，一年一年。

图书管理员可以成为我们的帮手和老师。比如说，不是重复地再次创造轮回，我和图书管理员搭档，保证我在所有学科领域进行单元研究的信息。无论我在专业和知识上缺乏什么，我找管理员给我资源。在技术教育下的大纲目录，我要求他们帮助我的学生不被我自己的不足所限制，这样他们就能把因特网当成信息的一种来源，创建他们教育课题的自己的网站。这间资源之屋是没有限制的。

我来呼应一下亚当和艾隆的发现："你知道我们的图书馆里有一座金矿吗？你知道那儿有些人可以帮你处理各种研究、信息和资源吗？他们可以帮你知道最近出版的书，技术中可用的当前信息。你知道在这儿，我们可以推倒那堵想要把我们和外部世界隔离开的学校的墙吗？还有，你知道图书管理员并不是整天都在看书吗?"

第十三章　老师，你做得好！

第一节　4%的营业税

我走进一家面包店，因为我每周早上的惯例，那儿每个人都知道我的名字：一杯咖啡，一张桌子，在上班前写我的日志。这个特别的早晨，柜台后的那个年轻女性在给我前面的人服务的时候似乎很沮丧和困惑。她说收银机坏了，她不会计算4%的营业税。我向她解释怎么给每一美元加4美分，给每个25分的硬币加一分钱。我很快设计出一张转换图给她，说明这种4%的营业税是怎么附加到每一美元和美分上的。有9个多月，我的图表一直粘在靠近收银机的柜台上供她们每日查阅，直到新的收银机买回来。

一位年长的“二战”退伍士兵安静地听我的4%营业税的讲课，直到我结束才说：“这些该死的孩子，他们在学校里什么也不学，总是到处游荡。”我直直地看着他，说：“我想要说，‘这些该死的老师，他们没有教我们的孩子’。”

我们都是对的，因为在教与学的过程中，两方都是有责任的，但是这一过程中的责任，今天常常仅由学习者来承担。想想在学校评价中，孩子们有多少考试要参加。学习只有在教学已经发生的情况下才能发生，而学习的质量会在考试的结果中反映出来。

教师评价多年以来，已经成为教师联盟和教育委员们无数次讨论和辩论的话题了。从由谁来做评价到哪种机制可以最好地展示成果，这些问题在许多校区里仍旧未能解答。我的最好评价来自我的学生。不幸的是，现场没有评价者在场为我的努力鼓掌，并且可能的话推荐我加薪！

我的第一年教师生涯是在密歇根。在中西部那氛围浓郁的场景里，大家对我充满了好奇。一天，一个牧师在人行道上把我拦住了，慷慨地向我提供捐助。我礼貌地解释道，我是一个土生土长的美国公民，不需要捐助。我受邀在电视的脱口秀上讲关于夏威夷的事，我也被很多 PTA 会议邀请，在会上会遇到“你们这些人相信上帝吗”之类的问题。家长对他们孩子的“外国”老师是好奇和关注的。校长到访我的教室，观察我的教学。她在看了一次我的阅读时间后，就不再造访了。我解散了一个阅读小组，当琳达把她的阅读书用双手拥进她的胸膛时，大声地说：“K 老师，你真的喜欢孩子，不是吗？”

第二节　老师的黄金时刻

4 月的一个早晨，三年级的学生在桌子上忙着做数学题。唯一的声音就是外面大雨落下的声音。杰弗里头也没抬地说：“K 老师，听，刺耳的雨。”然后把头转向窗子。我对他的观察感到十分惊讶，我让大家停下手上的事，分享了杰弗里刚刚说的话。几个月前，我给班上的学生读了一本书，讨论了作者为何使用“刺耳”来描绘雨打在窗户上的声响。我比较了“刺耳的雨”和“雨下得很大”，指出为什么作者使用的语言有如此大的力量，可以创造出这样一个意象，让我们感受到倾泻而下的雨滴，并告诉他们，我们也可以用语言做到这样。

学生们对我的打扰用沉默作为回答，他们的反应仿佛在说“她又来了，我们中的一个人让她对我们学到什么兴奋起来了”。我知道杰弗里是高兴的，但是他继续做数学题，把自己的感情又封存起来了。杰弗里提到“刺耳的雨”的时刻，是老师为此而活的黄金时刻之一。不幸的是，这样的时刻，即老师所教的与学生所学到的、应用的之间吻合的时刻，没有出现在评价表中。

9 月的一天，在夏威夷凯伊开学的第一天，我向丹斯特尼和她的弟弟菲利普保证，在我三年级的班级里，我不仅会教他们读和写，还会让他们爱上读和写。那一学年的 5 月 1 日，我在值课间休息的

班，丹斯特尼走到我这儿，说“K 老师，你真的遵守了你对我和菲利普的承诺”。（第七章讲了完整的故事）

那之后，我和菲利普还需要什么评价呢？

第三节　一百零一场落日

各个年级的老师在学年内不断地被他们学生对他们的学校工作、学术和社会研究上的进步的评语而评价。很简单，老师的评价和学生们的学习直接相关。

我们不能因为评价形式而影响我们的热情、热爱以及我们对教育和学习的承诺。我们从哪儿开始去证明教与学这两种过程在每一间教室都以最大限度进步着？我们必须从有学生的地方开始，那就是教室。除非教室里有最好的老师，否则最好的教学楼、课本、课程设置不会造成多大的不同，因为学习是一个双向的过程。这些已经成为并且在未来也会一直是我们教育系统面临的挑战。

落日

我今天学到的东西

会过时

在太阳下山之前。

那就让

一百零一场落日

出现在我的生命中。

不，再多一些吧。

第十四章 魔 杖

第一节 迈克尔的泪水

所有那些在老师和学生之间，神奇、黄金的时刻是从哪儿来的？那些时刻给教学带来了伟大的“意识”吗？有没有一根从童年童话故事里来的魔杖，在教室的墙上撒下亮晶晶的仙尘？还是说这是教师创造的？

一天，我在散步时，在人行道上遇到了迈克尔，他是我以前的三年级学生，现在在念高中，他和我分享了刚刚交上去的研究课题——对兰斯顿·休斯、罗伯特·弗罗斯特和艾米莉·狄金森的23页长的英文论文。他各选了这些诗人的3部作品。巧合的是，这些诗人的诗正是几个月前我背诵的，没有任何理由。于是我们就站在人行道上背诵诗歌。

我们两个背诵诗歌的举止，代表了那些黄金时刻中的一个。看到他眼中的泪水，我知道他和我经历着同样的情感。后来在我的个人日志中，我也捕捉到了那个时刻，把一份日志复印件送给了他的妈妈。因为我知道很多青少年在回答他们妈妈的“今天有什么特别的事发生吗”的问题时，通常说“不，没什么”。

我继续当着伟大的“小报告者”，给很多父母“打小报告”，也可以说是在撒仙尘、洒甘霖。比如，今年，我给我以前学生的妈妈写了封邮件，他描述了在他爸爸死于突发心脏病后他的感情。他的妈妈很激动，因为她能够知道自己 30 多岁的儿子正在经历什么。也许是出于保护母亲的考虑，他不和妈妈交流自己的感情。我又在打小报告，还是只是撒下了一些仙尘？

莱恩已经走在三年级的课程前面。他的同学们知道这是因为他读的那些书，还有他在班上被允许做的额外的功课。同辈们尊敬莱恩，尊敬他本人，以及他能够完成的事情。他们知道，“莱恩是莱恩，我是我”。

另一个学生，罗伯特，决定成为莱恩那样的人。他到我这儿问我：“为什么莱恩那么聪明而我不行？”我回答：“我们为什么不问问莱恩呢？”莱恩先是有些犹豫，在听到别人觉得他聪明的评价时十分惊讶，说：“我想，是因为我读了很多书吧。”

然后罗伯特要求召开家长—教师会，说：“我希望我的父母跟莱恩的父母一样。有些事情我的父母做错了。”我答应了罗伯特的要求，和他的父母见面了。他们承认他们忙于新事业，忽略了罗伯特。第二天，罗伯特走进教室，拿着一本复印的《世界年鉴》。那一天，他会翻到不同的页，问我问题。我回答了我所能回答的问题，其他的我诚实地说：“我不知道答案是什么。”知道自己有时候懂得的比老师多，这让罗伯特很高兴。《世界年鉴》成了他好几周的同伴，直到他觉得他和莱恩一样厉害了。

对莱恩的尊敬的源头是什么呢？我们都在做一些正确的事情。莱恩是个低调、谦逊的求知者，也许我对所有求知者明显的尊敬态度也和这个有关吧。莱恩、罗伯特和我的组合，是一个神奇的三重奏吗？如果大家对此要求返场的话，我不知道怎么让他们重演，因为他们没有在我的任何课程计划或我可用的课程指导中。

第二节　嫁给一个拼写好的人

丹斯特尼在三年级开学的第一天说："我不会拼写。你要教我怎么拼写。"丹斯特尼说的是真的。她是一个差劲的拼写者，越是努力，越是糟糕。从她的面部表情和肢体语言中，我可以看出她很灰心。

我试着给她传达这样的信息：即使有一些拼错的字，她的文章仍旧写得很好。我还告诉她为什么在写作的过程中，从初稿产生终稿之前，我们需要进行编辑。我不知道还能怎么帮她，直到我在报纸上看到一则普利策奖获奖作家的文章。作者承认，他是世界上拼写最差的人。当被问及既然拼写很差，那他是如何成为一个高产、成功的作家时，他说："我娶了个拼写很好的人。"

我把这篇文章拿给丹斯特尼，说："丹斯特尼，我找到了解决你拼写问题的方法。从今天起，忘掉那些英俊的，或者家庭富裕，或者舞跳得好的男孩。你遇到一个好男孩的时候，你问他：‘你拼写好吗？’如果他说‘是’那就嫁给他吧。”我把文章给了她，那成为她写作生涯中的转折点。

魔法对孩子好像总是有用，丹斯特尼的拼写开始提高了，因为她抛弃了自己强加给自己的“一定会失败”的观念。接下来的两年，她在课间的时候总是到我这儿来，身后还有一大群学生，她们问：“K老师，你告诉我我不用担心我差劲的拼写，因为我总是能够嫁给一个拼写好的人，这是真的吗？”

孩子们常常带着自己的魔杖进入教室。我早晨的习惯是，在第一遍铃响的前一小时到班级。这样我就可以悠闲地煮上一壶咖啡，坐在我的桌子边，喝着一天中的第一杯咖啡，并且向那些因为父母工作而早上很早就被送到学校的孩子打招呼。一天早晨，我完全沉浸在早上的咖啡中，听到有人说“夫人”时，我抬起头，看见了里欧。他是我的三年级学生里的一个，他站在那儿，一条白色的毛巾搭在胳膊上，就像是一个服务员。他鞠躬，把一罐咖啡放在托盘上递给我，恭敬地说：“您的咖啡，夫人。”从我的反应中，他知道在正确的时候为他的老师做了正确的事。不幸的是，出于安全的考虑，那是他第一次也是最后一次为我服务。我细心地向他解释，他不能再给我端咖啡了，因为我不想看到他或者其他人因为给我端咖啡而烫伤自己。但是这些年来，我把这份他给我的珍贵礼物珍藏在我的记忆里。

第三节　第一次求婚及漂亮女人

我的第一次求婚就发生在这些神奇的时刻中的一次。有一天，我在夏威夷实验学校的大学里做老师时，我在操场上和一班四年级的孩子一起，这时肯跑了过来，手上拿着一片树叶，说：“你的特快专递！”他叫着，把叶子递给我。我拿过那片叶子，然后还给他，说：“我要看着孩子们，你可以把你的信念给我听吗?”他看着他的书页，念道：“亲爱的老师，我爱你。你愿意嫁给我吗?”我从地上捡起另一片树叶，念起了我的回复：“亲爱的肯，是的，我愿意嫁给你。”他拿着我的树叶跑了。

几周后，肯的爸爸到我的教室访问，在他自我介绍后，说：“我来见见我未来的儿媳妇。肯什么都不说，除了你。”他告诉我在饭桌上，肯是怎么宣布等他长大后要娶我的。他最大的哥哥笑了，说：“那她那时是个老姑娘了。”肯的回答愤怒但坚定：“她永远也不会老。”

很多时候，亲戚们常常滥用“亲情”这种魔力。

一天早晨，和癌症战斗的6岁的杰明，在我结束作为写作资源老师的访问后，跟着我走出了教室。他说：“我喜欢听你说话。我喜欢你的声音。听到你说话，我觉得我好像在教堂。”我多么希望我有一些仙尘，可以撒在他身上，治好他的癌症。

杰明继续和我联系。一天早晨，他和我分享他前一天晚上做的梦："我梦见你和我在烛光下一起吃饭。我们在喝酒，玩得很开心。"

他是不是被给予了可以体验他永远也不可能体验的事情的机会？或者，他是不是拥有把自己看作成年的男人，享受和一个女人亲密晚餐的天赋？我的心承受这个痛苦很长一段时间。后来他告诉我："你是我认识的最漂亮的女人。"

第四节　彼此珍惜的晨雾

有时，大自然通过孩子凝视窗外，会把这个魔法带进教室。在我教书第三年时，我在夏威夷岛临近希洛的一间学校教一、二年级的学生，我听到一个凝视着窗外的孩子说："瑞德跑了。"瑞德是我们一、二年级联合班级的一年级学生。那时是9月上旬，这并不是不寻常的，因为孩子们还不是那么适应学校，有时候他们会未得到允许就离开教室，因为他们觉得家才是比较好的地方。我跑出教室去找瑞德，结果我被眼前看到的场景惊呆了。

靠近我们教室的整个棒球场正慢慢地被雾覆盖。我看到瑞德跑进雾里，手伸展开，就像一只翱翔的鹰。我静静地站着，看着他。随着他跑啊跑，跑到球场的末端，也是雾最浓的地方，他的影像变得越来越不清晰。然后他转身，慢慢地回到我这儿。他一脸迷茫，写满了忧伤，他说："我没办法摸到它。我越是跑，它越是消失不见。"

我被他的话牢牢吸引了，以至于一个字都吐不出来。我用手搂着瑞德，我们两个慢慢地走回教室。我们从来没有说到过雾。但是，像瑞德，我想要摸到我看到的，我想要用某些方式捕捉它，为自己把它保存起来。我把那天早上的经历写进了我的日志，最后形成了一个小的故事。几年后，我想要用诗来捕捉它，它出现在我的第四本诗集《蝴蝶之路》中。

跑，跑，但不要在雾中

一个小男孩
跑进了雾中
慢慢地
越过了田野。
把边缘柔化进
迷雾。
他跑啊跑啊
很快就被吞没
被神秘的巨人。
他又慢慢地，安静地
回到了我身边
腿变成了木头
长出了布丁的翅膀。

“我越是跑

它越是消失不见。”

这些神奇的时刻给教学带来了如此多的乐趣，如果没有老师的投入，它们是无法发生的。本章中描述的许多时刻可能偷偷地溜走了，没有被人注意到。如果在那些玩法伴随的冲动到来的时候，我没有去背那些诗，那么我和迈克尔的相遇对我们二人将会是十分普通的。如果我没有为每一个学生创造一个互相尊重的环境，莱恩就不会从同辈人那儿获得更多的尊敬，罗伯特也不会用他的方式追寻他的问题。如果我没有从地上捡起那片树叶，肯可能会第一次体验到爱的拒绝。如果我没有把那篇新闻文章给她，丹斯特尼可能今天还是一个拼写差劲的人。如果我给了他一场关于雾的科学讲座，或者不允许他跑出教室，瑞德和我就不会有那样一个想要彼此珍惜的早晨。

我说的这种魔法也存在于我们的意识之外。这种一半由老师培养，一半来自于创造的魔法，让我们在日常道路上停歇下来，让我们由衷感叹：“这是多么荣幸啊。”这些我经历过的黄金时刻总是存在于老师和学生之间的某处，我们只需要略加辨认，重视它们每一个，当它们发生的时候，把它们真的变成我们自己的。为此，我们需要竖起触角，让它来捕捉这些魔法。

第十五章　一只写满同情的耳朵

第一节　老师，我注定是要死的吗

我带着秘密的自我走近了你，

带着行李，如果你可以，

把这些年的东西都装起来

从我出生开始。

喜欢的和讨厌的，恐惧和喜悦，

和对很多事物的热情。

我有希望和雄心，

自信和决断，

帮我给它取个名字吧，老师，我什么都有。

所以我现在在你的班级里，
带着所有的行李。
有些会永远地
进入我的学习，而其他的
可以延长我和你在一起的时间。

老师，你要帮他们都理清楚。
我甚至不知道哪个是哪个。
我觉得只是因为你在这儿的原因，
帮助我把这行李理清楚。
你受过训练，拥有知识和技术，
这些帮助我提升解决问题的能力。

我看了看四周，发现其他人和我一样，
都像我一样带着沉重的行李，
等着被整理。
老师，我们是不同的，
哪怕我们长得相似或者
生日是同一天。
如果你相信一件行李
和另一件是一样的话，

我就会有麻烦了，
你也会。

帮我们分开，老师，帮助我学习
只要对我们每个人而言有好处的东西。
不要放弃我们，而把我们放进
一个你想象出的巨大的模具里。
（我觉得只有其他人可以做到这个。）
我会让你悄悄地进来的，
我还没让你进来，
知道我确定你是可以信赖的。
你作为一个老师，我作为一个学生，
是不会自动地给予你信任的。
不，我在生活中遇到了太多大人，
在学校里，在学校外
而且我知道，只有少数人可以信赖。

对不同的人，信赖以不同的方式出现。
我知道对我，信赖是什么。
我要告诉你吗？
不，老师你必须自己解决。

作为一个老师，我知道你晓得该做什么，

怎么做，如何成为我需要的那种最好的老师。

我们都活在这儿，不要杀了我们。

好吧，我会分享一种恐惧。

每次我遇到一个老师的时候都会有这种恐惧，

那就是我被期待要超级顺从，

安静，不动，外表平静

没有人花时间来了解我是什么样的。

请记住，我还没有死。

弗朗西斯·K

这些学生在给我的班级带来美好后，拒绝就这么离开，他们是这本书里最后的回响。当我的每个收件箱都收到标记着“老师布置的作业”的邮件时，想要了解他们的投入，实在不用花多少力气。最后，每一封都会被立刻回复。

第二节　莱恩：最好的老师根本不教书

来自莱恩·希拉苏纳：

最好的老师根本不教书。相反，他们引导学生沿着灵魂的无数条路行走，到每个人觉得舒服的地方，直到他们都找到自己的方向。在路途中，萦绕、盘旋在那条复杂的高速公路上的我们称之为人生，我们中间伟大的教育家不是简单地教书，他们进行启发，把光明照进数学、英语、社会研究，和其他没有提到的科目的黑暗角落。他们希望开阔视野，增加对我们身边世界的了解，点燃他们所教的孩子脑袋里的灵感之火。因为我确信，这本书其他的部分会证实这一点，因为她不仅仅是一个优秀的指导者，也是一个非同寻常的人。

尽管时间的流逝会让一些记忆模糊不清，一些仍然会凸显出来，就像从记忆的迷雾中射出来的光束。我还能记得我们在三年级那间砖砌的教室里进行写作。每天都是从“日志时间”开始的，30 多个学生会在黑白条纹的作文本上，写下他们的感情或想法。为了鼓励我们表达真实的自己，我记得 K 老师（这是我那时称呼她的方式，直到今天我还是这样称呼她）告诉我们，把那些敏感的页面折起来，她就不会看那几页了。

哦，那些必须藏在折起来的页面里的东西是：和同辈之间幼稚的攀比，家庭作业的烦恼，甚至也许有小狗似的初恋。最奇怪的地方是，当 K 老师告诉我她不会读那些私密的日志的时候，我相信了。在这么一个满是猜疑的世界，在某个人身上找到信赖是十分罕见的。尤其是要发现另一个人最深的秘密，你所要做的事只是易如反掌。

幸运的是，我是 K 老师的学生之一。她的指印遍布我今天的生活。她给我点燃了一个思维的火苗，有时火苗威胁着要吞灭我。这使我陷入了很多的麻烦中，比我想要记住的还要多的麻烦。你看，我喜欢读的书有故事、寓言、小说、童话，所有有开始、过程、结尾的东西。我一开始看书，就没办法把书放下。我迷失在自己的世界里，这世界里除了面前的书页，再没有其他东西。我读到了世间的一切。这是一种独特的经历，我完全迷失在一个故事中，以至于别人要试几次才能引起我的注意。尽管其他人常常因为我表现得缺乏注意力而生气，但我很珍惜我自己的资源，因为有多少人在世上可以用打开一本书来逃离到其他世界呢?

如果你是我曾经“惹火”的那些人中的一个（有时候生气会导致抓头发和尖叫)，那么我道歉。但是这都是K老师的错。每天除了我们的日志，还有阅读时间。一开始，看的是漫画书，一遍一遍地看同一本，直到K老师发现了，她让我读些别的书。她的建议为我打开了如此精彩、如此神奇的世界。在这些世界里，英雄演绎着伟大，解决不可能的谜团，战胜难以言喻的邪恶，所有一切都是通过作者的意愿呈现的。最棒的是，我和他们一起。在我思维的瞳孔里，我看到同样不可置信的风景，和那些活在书页中的人经历的全新世界。因为K老师，我发现只要翻一页书，这些世界就可能是我的。

这之后的某段时间，我震惊地意识到，老师也是人。想到这些我们每天看到在绿色的黑板前的人，在教室之外也是有生活的，是多么奇特。我不记得我是什么时候意识到这个的，也许是我的同学生病的时候，她眼中真情流露的关切；或许这是她对待学生的方式，也是她希望被对待的方式。其他老师，其他成年人，像对待小动物一样对待我们，故意放慢语速，把词汇换成只有两个或者甚至更少音节的字。K 老师拒绝这样。她扩充我们的词汇，尽力让我们摆脱想“非常”和“很”这样的词汇。她教我们类似于“极度”这样的词，以及那么多东西的专有名词和形容词。

我记忆中关于 K 老师最光辉的，是她去和我和她所在的夏威夷大学举办的夏季课程中一个教室的老师交谈。她要我告诉他们，从一个学生的角度，教学中什么是有效的，我只是告诉他们我的感觉，不要担心其他任何事。有这个指示在身，我按照她说的去做，只是写下我想让我的老师做的。写了两页一倍行距的，用电脑写的，没有太多的信息，但是是真实的。

所以我站在一教室的教师面前，尽管他们在学校的时间比我要久，但我无惧给他们如何教育学生的指导。我从笔记上抬头，发现他们把所有的东西都记下来。我对吗？他们会做我告诉他们的事吗？这是一个疯狂的想法，我的话也许会改变其他人的生活。说到底，教学不就是要改变其他人的生活吗？我想，我也是一个老师，改变了我身边的人的生活。我只希望我可以成为和弗朗西斯 · K 老师一样的老师。

在写这篇文章的时候，莱恩是波士顿学院的一个大学新生，他在那里读市场营销和人力资源管理专业。三年级的时候，莱恩经常梦想找到治疗老年痴呆症的方法，因为他的祖父得了这种病。他同时也是我的诗集《马赛克月亮：通过诗歌给予关爱》的摄影师。下面是莱恩在夏威夷大学的夏季课程上对老师们做的展示的一个副本，那时他只有11岁。

什么样的人可以成为优秀的教师？

- 喜欢学习的人，并且愿意和学生以及其他人分享的人。
- 愿意和孩子们一起工作的人。
- 喜欢学生，耐心的人。

其他方面

- 孩子喜欢玩游戏胜过其他任何事情，一切通过游戏来学习。如果你给奖励，给每个人一样的奖励，那么你传达的信息是：尽力，这是我所要求的。
- 当你（K老师）做营养师的工作，那很好。我的确每天都在期待。你假装有个客座讲师来了，你进去戴上厨师帽，为我们做营养的饭菜。你做这个做了一周。
- 让他们知道，第一天的规矩。把规矩贴在墙上，他们就会知道他们应该做到什么。
- 你不用微笑着进来说“哈哈哈”，但是进来的时候要有良好的情绪，无论你当时的感觉如何。因为你的坏情绪会传达给孩子们。

写作

●在你自己改作业的时候，问孩子：“你的主要思想是什么？你想表达什么？”给那个孩子看是什么使故事进程缓慢，给出你的建议。

●不要用“应该”，不要在试卷上做标记。

●可以在科学和社会研究中使用写作。

●非科幻的写作中可以运用幽默。比如对查尔斯·林登伯格的研究：“如果两个错误可以产生一个正确，那么两个对的会产生什么呢？”

●让孩子从他们自己的经历来写，“探寻真相”来为每天发生的事情增加兴趣。

编辑/商谈

●在没有和老师在一起时，学生们倾向于同辈人。他们会去看老师和同辈的人说的是不是同一件事。

阅读

●基础读物很无聊的。给他们读带篇章的书，让他们根据自己的水平和兴趣读书。

●只要让他们读书。如果你教了场景的部分，他们就会只去找那些部分，而不会享受阅读。

●不要布置作业单或者作业本，或者阅读理解问题。

●远离形式。形式不允许自由。

一定要读日志。如果一个日志不好，不要说："再试试。"要说："这本书不适合我，我不想自己看。"

● 对任何看到的进步，要说出来，让学生们感觉良好，让他们感觉并写下他们是怎么感觉的，或者他们怎么觉得故事会是什么样的（自己的声音）。

● 不要在试卷上做标记。让学生自己标记。

● 登记。不要去左右学生，不要布置一大堆书目并检查学生。一周，让他们看书，看看他们读了多少书。在他们读书的时候增加数量。

有一些老师对莱恩提出了问题：

1. 你是怎么成为如此优秀的作者的？

因为我读书。我读优秀的，懂的书。我可以说是得益于书中的词汇。

2. 为了理解书中的内容，你需要知道故事里的每一个字吗？

不，我可以通过上下文推断。理解书中的字和这本书说了什么是两回事。背诵、记忆书中的内容，和告诉你它的意思是不同的。有些人可以告诉你整本书中的内容而不遗漏一个细节，但是如果你问他们一个理解方面的问题，他们的大脑是空白的。

第三节　霍华德：在她教室里的9个月

来自霍华德·马格纳：

今天她对我来说，是弗朗，不是K老师，也不是那个给我布置作业的老战斧。只是弗朗，也是我的朋友。这是怎么发生的，我不能完全确定。可以确定的是，这粒种子是在她六年级班级的教室里，和那些作为礼物的糖果一起种下的。那是在尼米兹小学，每次她打高尔夫在100米以下的时候，都会给我们发糖。当然，越往后，我们拿到礼物的机会就越少了，但是我的好朋友鲍勃·韦伯斯特和我想出了一个方法。基本上说，我们会在放学的时候和她招呼，直到她大发慈悲地请我们吃棒棒糖卷或者奶油糖果，有时她的心情很好，会两种都请。因为学校到家只有几步路的路程，我们甚至在放学后为了糖掉转方向去那个对我们而言需要勇气的新世界——初中。回顾过去，难怪鲍勃和我不会被学校的管理员关在门外，而我们的牙也因为吃糖吃掉了。

在15岁左右离开夏威夷之后，我还偶尔和弗朗保持着联系，也许是每年写一封信或者别的。把它算出来是公平的，毕竟她把钱花在了糖果上，这对高中生而言，要记住他们六年级的老师是谁是很难的，更不要说写信给他们。但是直到我在现实世界这样做了，我对保持联系变认真了。

就是在人生旅途中的那些时刻，你坐下来，回顾你是怎么到你现在所在的地方，谁是一路上帮助你的人诸如此类的事情。我当过几年的体育作家，除了付钱，让服务生通过比较来变得富有之外，我爱我的工作。这是一个从孩提时代起就是体育迷的人，看球赛还能有钱拿。重要的是，事实上我写作可以有钱拿。我想得越多，我就越意识到，那是六年级那个老战斧的直接成果。

好吧，我们从没真的叫过她“战斧”。的确，她太好了。我都不记得弗朗曾经提高过嗓门，当你在想我是多么认真地在扮演自己作为班级领袖的角色时，这的确说明了什么。但是她的确有些东西，让我想起《邪恶的眼睛》一书中的场景：邪眼了，总是在马戏结束的时候发信号。这是她最让人难忘的特质之一。即便是邪恶的眼睛，威力无比，也没能排上头号。没错，那个殊荣是为弗朗对她的学生的自我价值进行鼓励和浇灌的能力而留的。在某种程度上，我还从没遇上过。

我还不是很准确地知道，她是怎么做到的；我只记得，她做到了。她劝导一个不太自信的六年级男孩，他不但会写作，而且有写作的天赋。她把同等的赞赏和指导混在一起，效果是，我真的相信我知道把字串成句子，并最终变成意义的秘诀。在这一过程中，她让我知道了诗歌这种惊人的创造，她劝诱我，那只是孩子情感的基础小节，让我相信它们和朗费罗不分伯仲，或者至少是他未成年的版本。今天，其他人都有治疗的方法，而我有我的诗歌。

我肯定，在她教室里的9个月，我学到了其他东西，但是那些东西现在被锁在我的潜意识中，或者因为健忘被遗忘在了过去。尽管如此，无论它们是什么，在哪儿，都不重要。真正重要的是那堂把我变作家的课，怎么也不可能被忘记。你一定不会忘掉那些在你生命旅途中的第一步的。

有趣的是，在弗朗受雇来教我的时候，她教了我这么多的东西。通过电子邮件的奇迹（我只是太懒了不想用过时的东西），她和我保持了联系。从我们见面以来，至少有16年了，但是我们比以前对彼此的了解更多。她站在我身边，用她似乎无穷的智慧为我提供了熟悉的鼓励，让我渡过那些关于家庭、癌症、爱和生命的难关。我试着想要回报，但这是不可能的。她有几十年的时间来积累那么多的智慧，一个曾经拥有世界的人开了个有趣的玩笑，证实她已经39岁。我觉得我可以花一半的时间来达到像她那样程度的想法，是自大而愚蠢的。无论她何时有问题，那个专门为一个30岁的单身运动类作家准备的机会，就像那次夏威夷大学举办NCAA篮球锦标赛，我就在此为她待命。

这些都无法从在她班级的那些日子里预见。那时，日子大半被我用来思考怎么把老师和另一块糖分开上度过的，大概它就应该是那样的。我一直在想，如果你总是知道下一个场景是什么样的，那么人生会有点无聊。尽管想要挑战那个前提，弗朗和我有个雄心勃勃的计划，某天一起喝一瓶酒，不是通过网络，而是在一张桌子上。

我决定要带一瓶墨尔乐红葡萄酒。听说它和奶油糖果一起吃很好。

如今霍华德是密歇根一名体育作家。他最近和尼可结婚了，他仍然继续用他深刻的，热情的，非常幽默的邮件和我联系。他向我保证，他会把他第一本畅销书献给他六年级时的老师。

第四节　鲍勃：9 月到次年 5 月读了 54 本书

来自小罗伯特·韦伯斯特：

1982 年 9 月，我遇见了弗朗西斯·K，或者“K 老师”，因为我们许多人都那么叫她。那年我进入了六年级，甚至今天我还能记得，我是怎么充满渴望想要回到那年秋天的学校。尽管我年轻的时候是爱学校的（哦，10 岁的时候竟然那么老成，那么智慧！），前一年是艰难的一年。在我短暂的求学生涯中，我不期待学年的开始。

但是我是多么的幸运，弗朗西斯是我的老师！我记得她的热情，她告诉我们，我们会度过精彩的一年，一个将会充满欢乐的一年！现在，从那之后已经 20 年过去了，我仍然能够记得我在开学第一天结束的时候感到的兴奋。我是那么快乐，我冲回家告诉爸爸和妈妈，学校很棒，老师很好，她经常笑，还说我们将会学俳句！这是我在学校里，最值得记住的那几年的开始，那次我真的对英语语言产生了爱，第一次想要成为一名作家。

那一年的每一天都是从我们的日志开始的。弗朗西斯每天晚上会读这些日志，把她的评语写在上面，接着会有一连串的思想或者追求她觉得有希望的想法。我总是期待早上拿回我的日志，因为我知道，上面有我最喜欢的老师给我一个人的消息（而且也许会有一个笑脸）。

那时，我妈妈重新开始工作了，我对于放学的时候她不在家里等我感到沮丧。这是我经常在日志上写的，我从弗朗西斯那儿得到的令人安心的回答让我十分安慰。她没有否定我的感觉，而是在我进入人生一个新的阶段的时候，给了我一个同情的会倾听的耳朵。

我们的日志，也作为我们在那年学习诗歌的起点。当遇到沮丧的哭喊："我不知道该写些什么。"弗朗西斯会回答："写那些你想要放在日志上的东西。"一首诗只要是以自己的名义构建的，那么任何主题都是有价值的。我的朋友和同学们创作小鸟颂、棒球颂、冲浪颂；也有一些比较忧郁的话题，关于离婚，失去所爱的人的痛苦等。

快到年底的时候，弗朗西斯把我们最出色的作品收集起来，装订在一本诗集里。这本诗集的特点是学生创作的艺术品，里面的诗互相补充。我们是有诗出版了的诗人！当那册书到教室里的时候，我们每个人都拿到自己那份，这是一种不可置信的感觉。我对这本书如此骄傲——无论我的亲戚什么时候来我家，我都一定会把它拿出来，在他们的肩上朗读，确保他们给予了我的作品应得的关注。

那些练习让我明白了，没有比把笔放到纸上写作更有力量的事情了。我一直都爱好阅读，消失在我最喜欢的作家为我创造的奇幻世界中。是弗朗西斯让我相信，我也可以做到；我可以表达我的想法和感觉，把它们放在印刷出来的永恒世界中。她让我明白，使用英语来和别人交流、分享的能力是无价的——她鼓励我追寻我对写作的爱。

现在，可以说在那年之后有其他我仍深刻的记忆时刻——那些不需诠释成传统的“弗朗西斯，这是你的人生”的回忆。比如，直到今天，如果碰巧发现电视机里在播放《斯蒂尔传奇》，我一定会停下来看——因为它让我想起弗朗西斯在看到皮尔斯·布鲁斯南饰演剧中人物时的痴迷。

我也记得我的一个朋友——霍华德，和我负责放学后在教室做一些小事，因为我们想要得到奖分，这可以兑换糖果。当然，这导致了一件事的发生。重新贴在公告栏上的时候，弗朗西斯告诉我们，所有良好的行为，不该只是为了奖分。霍华德把那张试卷从公告栏上拿掉了，他的回答是：“没有奖分？那就不做了！”我记得那件事发生后的几周，的确没有糖果了。

我也记得，年末的时候，弗朗西斯给了我一本她的诗集——《蝴蝶之路》。因为在班上，从 9 月到次年 5 月期间，我读的书最多。我的第一本诗集伴随着我，从夏威夷到纽约再到南达科塔，然后再回到纽约。它现在安全地在我和埃瑞卡的卧室的书架上，两边是埃米丽·迪金森的作品集的副本和内奥米·马吉特的诗集。它仍是我最喜欢的作品，无论是追溯熟悉的诗节，或者只是看看那书皮的照片，都会记起我的老师，我的朋友。

在这本书里，弗朗西斯写了下面的文字：

“致鲍勃，他在9月到次年5月读了54本书。我会十分想念你的幽默的。请继续你对印出来的东西的热爱。一直爱你的，弗朗西斯·K，你的六年级老师。1983年6月。”

我会的，我的朋友。谢谢你，我会的。

鲍勃在纽约的奥尔巴尼市，任职于圣彼德卫生保健服务中心的通讯部。她和埃瑞卡·希金斯结婚了。在他“没有希金斯的那些年”中，他不是一个能联系上的人。所以我常常向他在纽约的父母“打小报告”，告诉他们鲍勃的联系方式，甚至建议他们在鲍勃念大学的时候把他的房间给租掉。现在有了埃瑞卡和他们刚降生的儿子在他身边，我那微妙的威胁就没有用处了。

第五节　特瑞博：一个一直陪着我的朋友

来自特瑞博：

我对老师和班级同学的记忆直到我三年级的时候才真正开始。就在三年级，我遇见了一个会改变我对学校和老师的看法的人。K 老师是一个对教室外面的额外事情也关心的人。她珍惜她学生开始学习她的课的基础的时间。她认得出每一个学生，并且尝试做她能做的所有的事，来建立一个靠近学生的基准，同时也使课程变得有趣而非吓人。

好吧，当我还只是个小鬼的时候，我三年级的第一天是关键的。这标志我的小学教育是半路出家的。妈妈开车送我上学，我穿着新的尼龙衣服，这在那时是很酷的。我去了教室并且遇到了我永远也不会忘记的人——K 老师。

在班上的最初几天之后，我开始了解我的班级同学。我记得我们直接跳到了诗歌，尤其是俳句。K 老师把俳句带到了一个全新的水平。我有说过英语很明显是 K 老师最喜欢的科目吗？好吧，尽管这是她最喜欢的，却不是我最喜欢的。这个已知的事实本应成为我在其他任何三年级课程的动力，但是 K 老师的决定改变了我整个的看法。

我记得一个具体的时刻，班级要写一些自然的俳句诗，找一首自己喜欢的诗然后把它很好地再写一次，并且把它放在一篇迷你的 3 页论文里。其他孩子都高兴地欢呼着，勤奋地开始写起来。我也开始了，但很快意识到，直到那时，我所担心的全部只是任天堂游戏机。我在自然这一方面花的时间不超过两秒钟；我只是向窗外看了一眼，等着我的任天堂游戏机加载到下一级。不管怎样，这个小小的任务对我来说可不是那么简单。K 老师发现了我的沮丧，她坐了下来帮我。那是一首关于兔子在树林里跳的诗，我一直认为，所有的诗必须押韵。K 老师很快解释道，诗歌可以是任何形式的；无论一个人想要对生活说什么，对诗歌而言，这些内容就足够了。有了这个简单的想法，而且有一点急，我完成了那首自然俳句，并且在那天晚上把它拿给父母看，告诉他们我知道的不只有任天堂游戏机。K 老师一整年都在做这样的事。

她发现孩子们面临的困难，并且从孩子可以理解的视角进行回答，而不是用那些普通的、干巴巴的、直截了当的回答。如今我在念大学，直到今天我仍然让老师回答我一开始没有理解的相同的问题。我从 K 老师的教室里学到的东西很简单，因为她是用三年级的学生可以理解的方式来展现的。

K 老师总是在想办法把学生联系起来，使她得以迅速地建立起一种角色，她扮演的是年长的朋友和指导员。她绝对是与众不同的，因为她从来不会滥用她作为老师的地位，也不会用她的知识来威胁我们。对我来说，她只是营造她很容易接近的氛围。无论是什么话题，她似乎总是对每个人说的东西都感兴趣。在我看来，她给学习赋予了不同的内涵。

现在，我不知道 K 老师是不是记得这点，但是这是我永远会记住的关于 K 老师的记忆。具体情况有点记不清了，我在三年级的时候，开始对女生感兴趣了。我的意思是，从三年级开始，她们身上不再有跳蚤，不会再受到烦人的骚扰了。当然，我对班上的一个女生有点迷恋，但不能对我任何一个朋友说，因为那样的话，我就不再是个大男人了，而且我还可能被染上跳蚤。这是我在人生中第一个真实的女生问题，靠我自己没有办法解决。我不想告诉我的朋友们，我也绝对不能和父母说。我所能想到的就是K老师。我想，她也曾在三年级待过，而且她知道那个女生，也许她会告诉我，我该怎么告诉那个女孩我喜欢她。

一天下课后我待在教室里，和她说了我的情况。再一次，她很兴奋，也感兴趣，给了我一些建议。现在我不知道我对那个女生说了什么，也不记得她是不是还是那么可爱，但我知道的是，K老师总是愿意提供帮助，无论是在教室内还是在教室外。到今天，我再没遇到一个可以用那样私人的问题接近的老师了。我想要说的重点是，K老师从来不会让自己很可怕，难以接近。她似乎知道任何事，如果她不知道，她会做些研究，直到她弄清楚为止。她总是尽力做所有她能做的；她是个非常好的女士。

这些只是那一年故事中的一部分。像这样的很多事，让我的三年级变成值得记住的一年。对于我整个的小学教育，我觉得我记住了两个老师的名字，我六年级的老师和K老师。所有我遇见过的老师里，K老师是唯一一个我还和她保持着联系的老师。她在教室里的教学方式，为我把学习变得更简单和有趣了；她让我想要来学校，因为看到她就好像有了一个会在那儿陪着我的朋友一样。像K这样的人是我如此珍惜上学的原因。那些我记住的老师里，我之所以记得他们是因为他们比平常人更努力，或者他们太讨厌让你不想上课。K老师和很多这种类型的老师是不一样的。只有一个人，人们会把她当成你最喜欢的，对我而言，这个选择很简单，那就是K老师。

特瑞博在写这篇文章的时候是威拉姆特大学的大一新生，他还获得了大学的体育奖学金。我还记得他对我说的第一句话："我叫特瑞博，就是瑞博特，我爸爸的名字倒过来拼。"他在足球队，并且在威拉姆特大学的锻炼科学/运动专业继续学习，辅修数学。

第六节　丹斯特尼：一个离经叛道的、启发思想的老师

来自，丹斯特尼·圣·劳伦特：

哇哦！我已经大学毕业了，但是我还保留着从我三年级老师那儿得到的家庭作业。令人惊喜的是，在我坐下把这个打出来的时候，我完全没有遇到问题。K老师的课是少数几堂我真正记得很多东西的课之一。现在的问题是，想想要写些什么。

K老师让我喜欢上写作，无论是俳句、诗歌、故事甚至报告，所有这些。写下来的字变成让我很震惊的东西。嘿，如果我没有上

她的课，我不可能在大学学英语专业。如果没有遇见她，天知道我现在会在哪儿。

我记得她对女巫的狂热，不只表现在万圣节装扮成女巫，还表现在给我们读罗尔德·达尔的《女巫》。几年后我看了那部电影，它让我想起了K老师。我要说的是安吉丽卡·休斯顿和K老师没有任何关系。我记得她有一个假鼻子和大大的瘊子，就在她左边的鼻孔上。这真的给她的朗读增添了真实感。

我也记得一个圣诞屋的墙上和屋顶上都贴满了好多“kiss”，我们必须回答问题来获得一个“kiss”。哦，最棒的是她在教我们太阳系的时候，让一个学生拿着我们红色的橡胶躲避球，围着另一个拿着排球的学生转着走……来假扮成月亮绕着地球转。然后，这两个学生都围绕着另一个扮演太阳的学生。有趣的是，三年前，我在大学上星象学课时，想起了K老师对太阳系的描画。这让我在讲座上到一半的时候，脸上浮起了笑容。如果你认真地思考过这件事，在你8~9岁学的东西不仅被你记住了，在你21岁的时候仍然影响着你的生活，这样的事情会发生多少呢?

有意思的是，现在我记起的很多东西，在我拿到这份作业之前很久就记起了。有些事或有些人会开启你的记忆，对此我会报以微笑。

我还和我们班上的一些人保持着联系，而且我们都记得同样的事情：K老师是个疯狂的（在好的方面）、离经叛道的、让人兴奋的、饶有兴趣的、能够启发思想的老师。我很庆幸她做我的老师，我感谢她启发了我。

丹斯特尼毕业于夏威夷大学，专业是英语，现在受雇于大学的体育市场部。她也是个自由职业编辑。和在《亚瑟·T. 贝尔》章节里觉得自己不能拼写的丹斯特尼是同一个人，而且被建议嫁给一个优秀的拼写者。

第七节　特蕾莎：所有男生都喜欢一个漂亮的女老师

来自特蕾莎·安斯沃斯·陶德：

密歇根·杰克逊，现在是秋天，我进入了一年级，穿着裙子和打底裤（女生没有裤子），我有一个从夏威夷来的年轻、漂亮的老师。她人很好，有耐心，漂亮，说话的声音很柔和。长得漂亮对老师是很重要的。女生们可以想象某天变得和她一样，所有的男生都喜欢漂亮的女老师。

我们的教室也是特别的。它有可以折叠的墙，在墙的另一边是另一个来自夏威夷的年轻老师。这两个老师是朋友，会经常把墙打开，来一堂艺术—手工联合课。这些课十分有趣，因为允许交谈，而且当墙打开的时候，可以和多一倍的孩子说话。我记得的一节手工课是用长纸带做圣诞星。我们把纸折起来做一个三维的星星，和折纸手工差不多。一完成，我们把它浸入热蜡，在上面撒上亮粉。只有老师可以把星星浸在蜡里，他们还提醒我们要小心热的锡罐。我还记得那个热蜡的味道，这个味道总是让我想起折叠的纸星星。现在我妈妈还把它们挂在她的圣诞树上。

妈妈并不关心我有一个年轻老师。事实上，她很高兴学校里有一些“新鲜血液”。妈妈自己也很年轻，受过良好教育，是个艺术家。新老师带来的创造性和扩大眼界受到妈妈的欢迎，也是对一个相当传统的乡村社区的解放。也许是我妈妈对老师的尊敬，使我在小的时候一直写信给她，而那个时候孩子通常会忘记这种任务。

因为我的老师是特别的，我也是特别的。我们班会唱其他孩子不知道的歌，比如《圣诞快乐》。这几乎就像是在学习一门新的语言。我们唱得很起劲，知道其他孩子不知道的词让我们感到很骄傲。我们学习怎么跳夏威夷舞，学习手势的意思。我们唱日文歌，我还被选中穿和服。我配了我珍贵的红色皮鞋，因为和服的后面有一个大大的红色的结。我们在学校的舞台上进行表演，炫耀我们的夏威夷天才。我们班是特别的，在这个班级我是特别的。

我们学习用筷子吃东西。我记得一天早上，我在厨房告诉我妈妈：“妈妈！我要带点什么当今天的午餐，因为我们要用筷子吃东西!”她把自己思考的大声地说了出来:“你需要方便夹起来的东西,而且要是洒了也不会有大问题的东西。”那天早上,妈妈给我做了爆米花,这样我就能试试我的筷子才能了。她让我带了一大包,这样万一他们的妈妈在早上7点的时候没有想到爆米花,他们也能试试了。(谢谢你,妈妈)

我们也进行“正常的”一年级活动。我们不同组的孩子一起读书,算算术。我们也有个人活动。我记得坐在一个圆桌上的阅读时间。这常常是一段特别的时间,因为你会得到个人的关注,也可以挨着老师坐。开学的第一天,我们都拿着硬皮书而不是做试卷,书里有图片和字。老师宣布,我们现在可以学习读书了,这是我们的第一本书。

就像今天被定型的一样,这是基础读物,有迪克的图片和文字。老师提醒我们如何把字母放在一起发音来变成字。然后,我们开始读书了。读书很有趣,简单又让人激动!第一天读书的画面印刻在我的脑海中,因为那是我第一次学习阅读。我就这么开始了阅读。我想在桌边的阅读时间之后继续读书(我总是做我想做的,不管被不被允许)。记得那天晚上回到家,我在餐桌上宣布:“今天我学读书了。”“啊?”爸妈眉毛扬着,明显怀疑这可能是间断的、不连续的活动。“没错,”我说,“所以我现在可以读任何东西了。”自信的小小的我,相信我可以读任何东西,继续读啊读啊读。

在那些课程中，我已经读了很多很多的东西。大学里我获得了建筑学士学位，在毕业的时候这还是一个对女性而言不寻常的学位。我抚养了我的4个孩子，是一个自由的建筑师，我对教堂生活也很积极。我不禁要把成功的很大一部分归功于一个优秀、美丽、富于创造力的、积极的老师，我在密歇根乡间的一所砖砌校舍里的一年级班级的老师。谢谢你，弗朗西斯。

特蕾莎这些年一直用圣诞信和我保持着联系。她每年的照片显示出她的生活经历了怎样的旅途，包括一个丈夫和4个儿子。就好像我从很远的地方看着特蕾莎成长一样，我现在仍在关注她的儿子。

第八节 珍妮弗：来自哈佛的信

来自珍妮弗·希：

对一个三年级的学生而言，某些东西是真实的。

其一，老师永远不会说谎。

其二，女巫不存在——对吗?

当K老师给我们读罗尔德·达尔的《女巫》时，我不知道该想些什么。在她读的那个世界里，女巫是真的女人，她们给小孩子有毒的糖果让淘气的孩子变成啮齿动物，来发泄内心对孩子们的仇恨。尽管讲故事是三年级课程的一个标准环节，她讲完了故事却没有这样的免责说明——“你知道，这只是个故事”——她还开始给我们发可疑的黄色奶油硬糖。这种噩梦般的混乱导致一种可能性，即K老师的教学方法很容易让她的学生信赖她，她称他们为“老鼠”——12年后还历历在目。

我从来不吃那块糖。

K老师会不会把我日志中那些精彩部分都挑选出来，就像这些？她大概不知道，我后来在学业上会取得怎样的成功，但是她的确知道让孩子觉得自己特别，对孩子的智力和更为重要的个人发展是很必要的。除此之外，她回应十分可笑（而且刻薄）的日志，在蓝色玫瑰花便笺上给我写便条来告诉我我做得很好，或者只是告诉我她喜欢我。我觉得在一个有30多人的班级里，我受到了注意——我觉得我在班级里做的事，实际上对她有影响。我把她写给我的每一张便条都保存了起来。

我的整个一生都在倾听。我爸爸告诉我：“你知道，你的成功是因为K。”很大程度上，我认可他的这种说法。大概我之所以赢得诗歌竞赛，是因为K老师鼓励我把一切都写出来。但是，当我爸爸说，我被哈佛录取也是因为我三年级的老师，让我不得不思考她对我学业上的成功到底有多少影响。

我认识的人里没有人和他们的小学老师保持任何联系，但是 K 老师从我 8 岁的时候一直到我大学毕业，都是我的引路人和老师。三年级的时候，我变得习惯于聆听她鼓励的、温和的声音。七年级时，我在一个可以由公立学校转到私立学校的机会中挣扎，我需要这个声音。在我对父母感到沮丧的时候，大概是在我 13 ~ 20 岁时，我需要她的声音。当我获奖时，我需要她为我感到骄傲。当我想要在舌头上打个洞时，我需要她发现这很滑稽。无论我做了什么，她都告诉我，我是一个好孩子。青少年需要这样的支持，尤其是那些腼腆、安静的孩子，他们学会把他们想要的东西写下来，而不是用嘴说出来。

今天，我知道一件事将要成真。K 间接地教会了我儿童—成人的关系模式，这已经让我把引导放在人生中优先的位置。有一个成年人一直巧妙地教导我人生的经验，让我对很小的时候写的经历进行思考，在我身体里培养了一种想要做她已经做过的事的渴望。我想给其他孩子一只 K 老师在我被愤怒填满、充满困惑的人生阶段给予过我同情的耳朵。在大学里，我成为处于危险期的七年级女生的指导员，今天我和在感情上被严重侵扰的女生一起工作，她们被虐待、被忽视，被迫在系统里被抚养长大。我也咨询了大多数在生育控制机构中工作的年轻女性关于生育控制、怀孕和堕胎之类的问题。说起来很简单，聆听和写作让我感到快乐。真诚地倾听，K 教我的那种，让孩子感到自己是被理解的而且是重要的。

由于她，我坚信，我会感到真正快乐的时刻，是当我写了一套畅销的关于女权主义的诗——用拉丁文写的。谢谢你，K 老师！我相信我可以。

珍妮弗获得了哈佛大学的心理学学士学位，那段时间，她寄给我手写的信。作为她毕业礼物的一部分，我把这些信装在一个装饰有鲜花，标着“来自哈佛的信”的木盒子里还给了她。今天，她在教七年级和八年级的英语，而且计划去读研究生，拿个诗歌方面的学位。

恐怖主义者 2001 年 9 月 11 日发动袭击后不久，我收到很多我以前学生寄来的信，每封都有相似的信息：“想和你取得联系，感谢你给我的所有帮助，并感谢你让我的人生与众不同。”珍妮弗寄给我下面的诗：

课堂学习

上帝帮我把我学的东西都忘了

在那些象牙塔里。

我以前很开心

我知道怎么拼“爱国”。

我活着，讨厌身体里的每一部分

讨厌我爸爸说：

“生活就是这样。”

你，作为女孩，作为客体

毫无价值，阴晴不定，神经兮兮。

讨厌我爸爸说：

“什么是爱国？”

我无言以对。

我不能抛弃的是：

身体受伤

经前烦躁不调

老男孩俱乐部

在大厅里。

我应该告诉那个女孩

她的每一张高校报告卡片写着：

“她很聪明但是沉默！”
恭喜，
你得了奖
把所有的时间花在
一个人的教室里。

然后，我成了一个三年级学生
在一个拥挤的房间。
我还没决定要开口，但是
我的指尖流淌出足够的文字
我的诗歌老师
给我写了信：
“你很棒。”
从那以后，每一年在信里都有：
“你很棒。”

珍妮弗·希

从学生那儿得来的信息是多元的。对每一个学生而言，教室是一个安全、有趣、有意义的所在，在那儿，每个学生感觉到和老师间私人的、专业上的联系。在每一段记忆中，他们都需要感觉到自己很特别，被老师尊重，得到真正的关心。他们的教育和职业规划表明，老师同样要不断学习。仅仅建立在社会关系上，缺乏学习的课堂，是一个欺骗学生的课堂。创造性的元素是至关重要的，课程不是只建立在老师的指导或者课程计划上，而是根据学生的需求和兴趣量身打造的，必须尊重教育和学习两方面的创造性。

我只是一个老师，有成百上千的学生。每个人都从我的课堂把对他或者她来说重要的东西带走了。一个老师要怎样满足所有的要求呢？这些学生证实了我在本书的每一章试图传达的东西——无论我们在课堂上说了什么、做了什么，对每一个学生都有极大的影响。这会让粗心大意、缺乏爱心、极不敏感、不负责任、没有能力的成年人在课堂上没有容身之地。毕竟，我们曾经是高贵而荣耀的唯一被允许涂上红色指甲油的人。

关于作者

作为教育家、诗人、童书作家，弗朗西斯·K 在密歇根州和夏威夷州的公共教育系统内任教多年。她在密克罗尼西亚群岛和夏威夷群岛为教师建立了语言艺术工作坊，同时她也是夏威夷大学和州教育部门的课程编写者和教师培训师。2002 年，她被记入《活着的遗产：夏威夷 20 世纪的杰出女性》一书。现居火奴鲁鲁。

带着爱和笑容，教育家弗朗西斯·K 在老师和学生之间探索了特别的终生纽带。在这部令人印象深刻而充满欢乐的《没有围墙的教室》里，她以第一人称，从内部透视学习及成长：发现的魔力、儿童成长的烦恼、学生恍然大悟的黄金时刻。书中充满了生动的故事，公示了学生的佳评。这是一本浅显易懂的书，对老师和家长——或者其他致力于关爱和教育儿童的人。

致　谢

感谢水印出版社的乔治·恩格伯斯顿和都恩·库李苏，因为你们相信这本书可以给学生的生活带来不同。尤其要感谢乔治的创造性视角，以及对我作品的信任。

致泰德·普莱斯特，我的首席编辑，在对初稿进行修改前，全心全意地支持《没有围墙的教室》的内容。

致我以前的学生珍妮弗·希、莱恩·希拉苏纳、霍华德·马格纳、丹斯特尼·圣·劳伦特、特雷伯·斯托伯、特蕾莎·艾茵斯沃斯·陶德和罗伯特·韦伯斯特，因为受邀为我写书的最后一章时，你们欣然同意。

致那些来到我人生中的孩子和大人，以及那些出于隐私考虑而被我改变了姓名的人，你们是我的导师。感谢你们允许我讲述你们的故事。

弗朗西斯·卡库嘎瓦
火奴鲁鲁，夏威夷

图书在版编目（CIP）数据

没有围墙的教室/（美）卡库嘎瓦（Kakugawa，F. H.）编著；仲小燕译 . —南京 ：译林出版社，2015. 11

书名原文：Teacher，You Look like a Horse

ISBN 978－7－5447－5650－1

Ⅰ. ①没… Ⅱ. ①卡…②仲… Ⅲ. ①中学教师-教学经验-美国 Ⅳ. ①G635. 1

中国版本图书馆 CIP 数据核字（2015）第 165441 号

书　　名	没有围墙的教室
作　　者	〔美国〕弗朗西期·卡库嘎瓦（Kakugawa，F. H.）
译　　者	仲小燕
责任编辑	陆元昶
特约编辑	冯　兰
出版发行	凤凰出版传媒股份有限公司 译林出版社
出版社地址	南京市湖南路 1 号 A 楼，邮编:210009
电子信箱	yilin@yilin.com
出版社网址	http://www.yilin.com
印　　刷	三河市华润印刷有限公司
开　　本	889×1270 毫米　1/32
印　　张	8. 125
字　　数	156 千字
版　　次	2015 年 11 月第 1 版　2015 年 11 月第 1 次印刷
书　　号	978－7－5447－5650－1
定　　价	26. 00 元

译林版图书若有印装错误可向承印厂调换